TaVe

JOHANN GEORG IV.

Der Bruder Augusts des Starken

Andrea Martin

TAUCHAER VERLAG

Dem vorliegenden Text liegt das 2010 im selben Verlag erschienene Buch »Magdalena Sibylla von Neitschütz – Geliebte am kursächsischen Hof« zugrunde, das neu bearbeitet und ergänzt wurde.

Meiner Mutter und meinem verstorbenen Vater, die mich die Liebe zur Sprache lehrten.

Mit Dank an Matthias Gutsche vom Wassergrund für seine Geduld beim Entziffern von Originaldokumenten und an Heinz S. für seine umfassende Unterstützung.

Martin, Andrea
Johann Georg IV. – Der Bruder Augusts des Starken
2. Aufl. – [Leipzig]: Tauchaer Verlag 2023
ISBN 978-3-89772-304-7

Satz / Herstellung: Sabine Ufer Verlagsherstellung
Printed in EU

ISBN 978-3-89772-304-7

Inhalt

Einführung

Im Frühsommer des Jahres 1694 nahm die sächsische und europäische Geschichte eine plötzliche Wendung: Friedrich August I., dem man erst viel später den Beinamen August der Starke gab, bestieg den kursächsischen Thron. Das bis dahin durchaus nicht unbedeutende Sachsen und vor allem die Residenzstadt Dresden erstrahlten unter seiner fast vierzigjährigen Regentschaft in einem barocken Glanz, von dem sie bis heute zehren.

Eingeläutet wurde das Augusteische Zeitalter mit den Sterbeglocken für Friedrich Augusts älteren Bruder. Johann Georg IV. von Sachsen, ein junger Kurfürst mit Geist, Talent und Gefühl, starb im April 1694 in seinem 26. Lebensjahr. Drei Wochen zuvor war Magdalena Sibylla von Neitschütz, seine Geliebte und Mutter seines Kindes, vermutlich an den Pocken verstorben. Als sicher gilt, dass er sich bei ihr ansteckte und ebenfalls erkrankte. Ob die Krankheit letztlich auch bei ihm zum Tode führte oder ob Friedrich August infolge eines - vermutlich zweifachen - Tötungsdelikts an die Macht kam, ist letztlich ungeklärt.

Dieses Buch erzählt vom Leben des sächsischen Kurprinzen und späteren Kurfürsten Johann Georg IV., vom spannungsvollen Verhältnis der Brüder und von seiner Liebe zu Sibylla von Neitschütz, die schon zu Lebzeiten der beiden europaweit Aufsehen erregte. Es berichtet von den Umständen seines Todes und den merkwürdigen Ereignissen danach. Und es verzichtet auf das Klischee vom Fürstenspross, der seiner sinnlich-schönen, aber dummen und verderbten Geliebten verfallen war und von ihr und ihrer machtgierigen Mutter dirigiert wurde.

Vielmehr zeigt es einen energischen jungen Kurfürsten, der in der kurzen Zeit seiner Herrschaft überwiegend gewissenhaft, verantwortungsvoll und nachvollziehbar agierte. Dies allein schon gibt Johann Georg IV. eine Sonderstellung in der Reihe nicht nur der sächsischen Herrscher, und es gilt sowohl für sein Regierungshandeln als auch – und das sogar in besonderem Maße – für sein ganz persönliches Verhalten. Als einer der Kurfürsten des Heiligen Römischen Reichs Deutscher Nation bewegte sich Johann Georg IV. in zentralen Feldern europäischer Politik. Er setzte sich selbstbewusst mit widerstreitenden Interessen auseinander, Intrigen und Machtspiele inbegriffen. Inmitten enormer Spannungen gab er alles daran, nach seinen Überzeugungen zu leben und seine Ziele und Hoffnungen zu verwirklichen. Dafür fand er zum Teil ungewöhnliche Lösungen. Letztlich ist seine Geschichte die eines Liebenden und seines tragischen Scheiterns – und offenbar ein noch immer ungelöster Kriminalfall.

Kinderjahre im barocken Dresden

In den zwei Jahrzehnten, die seit dem Dreißigjährigen Krieg vergangen sind, hat sich Sachsen recht schnell von dessen Verheerungen erholt. Dazu trugen vor allem reiche Erträge aus dem Bergbau, aber auch aus Handwerk und Landwirtschaft bei. Nun gehört das Kurfürstentum zu den wohlhabendsten Ländern im Heiligen Römischen Reich Deutscher Nation, wie man das deutsche Staatengebilde damals bezeichnete.

Im Dresdner Schloss residiert seit 1656 Kurfürst Johann Georg II. Sein Sohn, der einundzwanzigjährige Kurprinz Johann Georg (später III.) und dessen gleichaltrige Gemahlin, die dänische Königstochter Anna Sophie, bekommen am 18. Oktober 1668 ihr erstes Kind. Es erhält in vierter Generation den Namen Johann Georg. Die Geburt des legitimen Erben des kursächsischen Hauses wird entsprechend hochfürstlich und lang andauernd gefeiert. Die mütterliche Familie verleiht ihm am 14. November den Titel »Erbe von Dänemark und Norwegen«. Im Januar 1669 reist der Bruder des Kurfürsten, August von Magdeburg, nach Dresden, um in Kaiser Leopolds Namen bei der Taufe des kleinen Johann Georg Gevatter zu stehen. »Er ward eingeholt mit 2000 Pferden«, teilt das Hoftagebuch unter der Überschrift »Hofvorfallenheiten« mit. Überaus würdevoll zelebriert der Oberhofprediger Dr. Martin Geier die Taufe. Den ganzen Februar durch wird gefeiert: Außer dem »Kindtaufsfest« und dem Karneval werden Jagden, Büchsen- und Armbrustschießen abgehalten, zwei Hochzeiten bei Hofe ausgerichtet, eine wendische Bauernhochzeit veranstaltet und mehrere »Comödien« aufgeführt. Im April überbringt William Swan, der Gesandte des englischen Königs Karls II., dem Kurfürsten Johann Georg II. das Blaue Band des Hosenbandordens als Zeichen der Verbundenheit.

Ein Jahr und sieben Monate nach der Geburt des kleinen Johann Georg wird Anna Sophie wiederum »glücklich von ihrer fraulichen Bürde entbunden«. Der am 12. Mai 1670 Geborene erhält den Namen Friedrich August. In seiner Kinder- und Jugendzeit und noch bis zu seiner Krönung als König in Polen wird er Friedrich genannt werden.

Der Kurprinz und junge Vater ist ab 1669 Landvogt der Oberlausitz und residiert meist auf der Ortenburg in Bautzen. Die Söhne des Kurprinzenpaares verleben die prägenden Kinderjahre größtenteils am Dresdner Hof ihres Großvaters, Johann Georg II. Bis zu seinem Tod 1680 bleibt den Knaben genügend Zeit, dessen Lebensstil – in Genuss, Glanz und Schönheit – zu verinnerlichen.

Um das Wohl der kurfürstlichen Familie sorgt sich ein Hofstaat, dem laut Hofstaatsrangordnung vom 8. September 1676 mehr als 300 Personen angehören, unter ihnen 225 Kammerherren und Kammerjunker. Der nördliche Nachbar Friedrich Wilhelm von Brandenburg, bald der Große Kurfürst genannt, kommt zu dieser Zeit mit 26 vergleichbaren Bediensteten aus.

Die Kunstkammer Johann Georgs II., Grundstock des weltberühmten Grünen Gewölbes, beherbergt auserlesene Schätze. Der Kunst und Prunk gleichermaßen liebende Kurfürst holt bedeutende Maler, Musiker und Sänger an seinen Hof. Berühmt ist auch die Hofkapelle, der jahrzehntelang der »Älteste Kapellmeister« Heinrich Schütz vorgestanden hatte, und die mit ihrer ansehnlichen Zahl an Pauken und silbernen Trompeten »beim Gottesdienst, bei Tafel und bei allen Hoffesten aufs Stattlichste in Gebrauch gesetzt wurde«.

Ansicht von Dresden um 1650, Matthäus Merian d. Ä.

In der Elbestadt leben in der zweiten Hälfte des 17. Jahrhunderts um die zwanzigtausend Menschen. Noch ist sie »eine schlechte Stadt von hölzernen Häusern«, eine Provinzstadt, die ihre Gäste noch stundenlang an den Toren der Festung auf Einlass warten lässt, wie der durch Sachsen reisende Franzose Samuel Chappuzeau berichtet. Doch Johann Georg II. hat längst damit begonnen, seine Residenz mit prächtigen Bauwerken zu schmücken. Sein Architekt ist Wolf Caspar von Klengel, der Johann Georg und Friedrich bald in Festungsbau und Fortifikationswesen unterweisen wird. Um das Schloss herum entstehen ein Opern- und Komödienhaus für 2.000 Zuschauer, ein Schießhaus, ein Löwenhaus für die »Löwenhetzen« und ein Ballhaus für das Ballonschlagen, ein derzeit beliebtes Ballspiel. Nicht zuletzt wird das Reithaus prachtvoll ausgebaut, das danach mit einem Saal, anderthalbmal so groß wie der Riesensaal des Schlosses, den großen Aufzügen zu Pferde und den Zuschauern auf den Galerien und Logen ausreichend Platz bietet. Alle Bauten sind kunstvoll dekoriert und bei abendlichen Vergnügungen glanzvoll erleuchtet. Schließlich wächst 1676 der Turm des Schlosses mit seiner neuen »welschen Haube« auf stattliche 97 Meter und überragt damit alle anderen Gebäude der Stadt. Das Schloss selbst, dessen wundervolle Sgrafitto-Fassaden im Stil der Renaissance unter Klengels Leitung gerade neugestaltet werden, ist Mittelpunkt europaweit berühmter Feste und Lustbarkeiten. Sie beeindrucken durch die ungeheure Fülle von Ideen, Formen und Farben und sind bis ins kleinste Detail durchkomponiert.

Wie das Hoftagebuch vermerkt, tritt 1677 im Riesensaal ein Seiltänzer auf und zur Erheiterung des höfischen Publikums wird das »Possenspiel vom Gevatter Tod und Teufel« gegeben.

Der Zuschauerraum des Opern- und Komödienhauses am Taschenberg, Kupferstich von Johann Oswald Harms, 1678.

Als Johann Georg II. im Februar des Jahres 1678 seine Brüder, die Sekundogenitur-Fürsten, in Dresden empfängt, erstrahlt er im Glanz einer prächtigen »Bergmannsgarnitur«, kunstvoll gefertigt aus sächsischem Silber und einheimischen Edelsteinen. Anlässlich dieser »Durchlauchtigsten Zusammenkunft« vergnügt man sich besonders opulent: Das Festprogramm ist angefüllt mit Karussellrennen und Theateraufführungen im Komödienhaus und im Riesensaal des Schlosses. Gegeben werden unter anderem die italienische Oper »La Dafne«, ein »Frauenzimmer-Ballet« und »Der Kurfürstin von Sachsen Mohren-Ballet«.

Im gleichen Jahr ist der Große Saal Schauplatz weiterer prachtvoller Feierlichkeiten: Im Auftrag König Karls II. überbringt William Swan dem Kurfürsten nach dem Blauen Band nunmehr den Hosenbandorden selbst, Ausdruck allerhöchster Anerkennung durch das englische Königshaus. Was Johann Georg und Friedrich am Hof ihres Großvaters erleben, erfüllt sie mit Stolz. Sie sind Teil der ganzen bestaunten und bejubelten Herrlichkeit. So entwickeln die jungen Prinzen frühzeitig die tiefe Überzeugung, einem mächtigen und bedeutenden Fürstengeschlecht anzugehören, das durchaus einer Königskrone würdig wäre. In den nur wenige Seiten umfassenden, romanhaften Erinnerungen, die Friedrich August als junger Erwachsener zu Papier bringt, wird deutlich, wie sehr ihn Glanz und Pracht jener Jahre faszinierten: Es war der »schenste hoffe den ein kenig zu der zeit hatte«, an dem »alle ergezlichkeiten bliheten«.

Eine der dazumal sehr verbreiteten Ergötzlichkeiten schildert ebenfalls sichtlich beeindruckt der bereits erwähnte Chappuzeau: »Die Schlittenfahrten am Dresdner Hofe haben etwas wirklich Königli-

Kurfürst Johann Georg II. (1613–1680).

ches. Es gibt Schlitten, die mit der ungeheuren Anzahl silberner Glöckchen, mit denen das Pferd behangen ist, mehr als 1.000 Taler kosten. Man sieht Schlitten von allen Stoffen und von allen Gestalten, darstellend Triumphwagen, Muscheln, Sirenen, Delphine, Löwen, Adler von bewundernswürdiger Skulptur. Gold und Azur glänzt von allen Seiten und da man gewöhnlich die Fahrten bei Fackellicht des Abends anstellt, so erhält die Lustbarkeit nur eine um so größere Pracht.«

Den Augen der kleinen Enkel eher verborgen sind die weniger glanzvollen Seiten der Persönlichkeit

Johann Georgs II., die der französische Marschall Grammont in seinen Memoiren schildert: »Dieser Fürst ward durchaus von fremder Hand gegängelt und zeigte in nichts Fleiß, als alle seine Lebtage durch übermäßig zu trinken; er hatte diese seltene Eigenschaft von seinem Vater ererbt. Seine vornehmsten Räthe waren vollständig abhängig vom kaiserlichen Hofe. Ich will gar nicht sagen, daß sie nicht von ihm bisweilen zu leiden gehabt hätten, im Gegentheil er behandelte sie sehr schlecht mit Worten … nachgerade that er aber doch nichts weiter, als was sie wollten. Er zeigte ungemeinen Eifer für die lutherische Lehre und an dem Tage, wo er communizirte, bewies er soviel Respect für's Sacrament, daß er sich nicht am Morgen betrank; am Abend aber holte er zum Ersatz das Versäumte nach und trank die ganze Nacht, bis er unter den Tisch fiel, wie alle seine Gäste.«

Bei einem solchen Trinkgelage, in das gewöhnlich auch die Dienerschaft einbezogen wurde, ereignete sich auf der Festung Königstein die auch in einem Gemälde verewigte Geschichte vom »Pagenbett«: Der betrunkene junge Page des Kurfürsten hatte sich auf einer Zinne über dem Abgrund schlafen gelegt. Auf Anweisung des Kurfürsten wurde er, nachdem man ihn mit Seilen gesichert hatte, zum allgemeinem Gaudi mit Pauken und Trompeten geweckt.

Die Freude wohlhabenderer Bewohner des Landes an hochherrschaftlichen Vergnügungen nimmt offenbar so zu, dass der Landtag sich 1682 genötigt sieht, eine Schlittenordnung zu erlassen, die vorschreibt, wer mit Geläute, wer zweispännig und wer gar nicht fahren darf. Der um sich greifende Luxus, der sich von Frankreich her auch in Sachsen einbürgert, zum Beispiel in Gestalt der Perücken, fordert besonders den Widerstand der lutherischen Geistlichkeit heraus. Bei den Kunstfrisuren gibt sie ihn schnell wieder auf, um sich von den katholischen Wetterern gegen diese neue Mode abzugrenzen. Doch zunächst wird so eifrig dagegen angepredigt, dass der Landtag 1676 eine Perückensteuer von zehn Talern anordnet. Jetzt wird die Perücke erst recht zum Statussymbol, was ihrer Verbreitung eher förderlich ist.

Überhaupt spielen die Religion, die mit ihr verbundenen Regeln und Pflichten und natürlich deren Repräsentanten, die kirchlichen Würdenträger, eine zentrale Rolle im täglichen Leben dieses streng protestantischen Landes und seines Fürstenhofs. Noch erlaubt sich der Oberhofprediger und Beichtvater des Kurfürsten, Dr. Geier, sein Beichtkind offen zu kritisieren. Als Johann Georg II. sich einst nach der Predigt beklagte, dass er ihm doch sehr den Pelz gewaschen habe, soll Geier erwidert haben: »Das thut mir leid, Kurfürstliche Durchlaucht, daß es nur den Pelz getroffen hat.«

Bei Hofe ist mindestens dreimal die Woche Gottesdienst, nämlich Sonntag, Mittwoch und Freitag, auch auf Reisen. Die Predigt dauert gewöhnlich anderthalb Stunden. Davor und danach werden noch zehn bis zwölf Lieder gesungen, so dass der Gottesdienst den ganzen Vormittag ausfüllt. Dazu kommen noch Beichte und Kommunion und an hohen Festtagen musikalische Messen in der Schlosskirche, die kirchlichen Prozeduren zu Hochzeiten und Kindtaufen noch gar nicht eingerechnet.

Auch die Erziehung der Söhne des Kurprinzenpaares ist vollkommen durchdrungen von religiösen Übungen. Die Tagesordnung von Johann Georg und Friedrich August unterscheidet sich vermutlich nicht wesentlich von der ihres 1647 geborenen Vaters: Dieser hatte sich um 7 Uhr oder 7.30 Uhr mit

»Das walt Gott Vater« zu erheben; während seines Ankleidens sangen die Umstehenden ein geistliches Lied, dann ging der Prinz mit dem ganzen anwesenden Hofstaat zum Frühgebet und danach in sein Gemach zum »absonderlichen« Gebet, oder an Predigttagen in die Kirche. Hierauf folgten von 8 bis 10 Uhr zwei Arbeitsstunden, die mit einem kurzen Gebet um Gottes Beistand begonnen und mit einem Dankpsalm beschlossen wurden. 10 bis 11 Uhr war »Spiel- und Ergötzungsstunde«, dann Mittagstafel und nochmals Spielübungen bis zur täglichen Nachmittags-Betstunde. Nach dieser wurde wieder studiert bis 3 Uhr. Die darauffolgende Freistunde war nicht wirklich frei, sondern für den Tanzmeister reserviert. Der Arbeitsstunde von 4 bis 5 Uhr folgte bis 6 Uhr eine Spielstunde. Nach der Abendmahlzeit versammelte sich der ganze Hofstaat um 8 Uhr wieder zum gemeinsamen Gebet. Darauf begab sich der Prinz in sein Gemach, wurde entkleidet, verrichtete wie am Morgen allein sein Gebet und begab sich genau 9 Uhr zu Bette.

Vom jüngsten Johann Georg ist bekannt, dass er schon in seinem fünften Lebensjahr durch seinen »Präzeptor« Methodius Georgenfelder in die Schriftsprache eingeführt wird, selbstverständlich anhand der Bibel. Dies setzt bald darauf der Kantor und Vizekapellmeister Christoph Bernhard, genannt Bernhardi, fort. Er bringt beiden Knaben verschiedene Wissensgebiete nahe, besonders natürlich die Musik. Johann Georg bleibt auch als Erwachsener seinem alten Lehrer in Dankbarkeit verbunden.

Ab 1676 ist der Hofmeister Hans Ernst von Knoch für das umfangreiche Ausbildungsprogramm von Johann Georg und Friedrich verantwortlich. Darin nimmt die militärische Erziehung der Knaben einen besonderen Platz ein. Zu ihr gehören Schießen,

Fechten und Reiten und das Fortifikationswesen. Die Unterweisung in letzterem sowie in Bauwesen und Architektur liegt in Klengels Händen. Daneben werden die kurfürstlichen Enkel in Theologie, Französisch und Italienisch, Mathematik und Geschichte - vor allem der regierenden Häuser Europas - unterrichtet. Zusätzlich sind Körperübungen wie verschiedene Ballspiele und Ringwerfen zu absolvieren.

Neben diesem angefüllten und ihr Leben stark reglementierenden Programm nehmen die jungen Prinzen auch an zahlreichen, fulminant ausgestalteten Festivitäten und sonstigen Höhepunkten des höfischen Lebens teil.

Im Jahr 1680 nähert sich der Residenzstadt von Böhmen her die Pest. Bei dieser letzten großen Pestepidemie stirbt in Dresden ein Viertel der Bevölkerung. Die adeligen Familien bringen sich auf ihren Landgütern in Sicherheit. Der Kurfürst Johann Georg II. flieht mit seiner Gemahlin nach Freiberg, wo, wie er meint, gesündere Luft weht. Trotzdem verstirbt er dort in seinem 67. Lebensjahr, vermutlich ebenfalls an der Pest. Der Vater der jungen Prinzen wird als Johann Georg III. Kurfürst von Sachsen.

Der sächsische Mars

Zeitgenossen beschreiben ihn als einen »munteren, aufgeweckten und vorzugsweise kriegerischen Herrn«. In der Tat ist Johann Georg III. von Jugend auf mit ritterlichen Übungen und jagdlichen Tätigkeiten bestens vertraut. Der Kaiser hatte ihn schon 1661, mit 14 Jahren, zum Reichsjägermeister ernannt. Mit sechzehn war er in die Regierungsgeschäfte eingeführt und mit zweiundzwanzig von seinem kurfürstlichen Vater zum Administrator der Oberlausitz ernannt worden.

Von allen Betätigungen liegt ihm jedoch das Militärische am meisten. In den Kriegen, die das Reich zwischen 1674 und 1678 gegen Frankreichs König Ludwig XIV. führt, kommandiert der Kurprinz, damals um die dreißig Jahre alt, die 6.500 Mann starken sächsischen »Hülfsvölker«. In den Jahren der Campagne hält er sich wiederholt am Kaiserlichen Hof zu Wien auf. Dort sieht ihn der neapolitanische Abbé Pacichelli, wie er »dick von Leibesgestalt, roth von Angesicht, in der Kleidung der dänischen Elephantenritter« dem Kaiser bei der Tafel aufwartet.

Auch wenn die jungen Prinzen ihren Vater selten sehen, orientieren sie sich naturgemäß stark an ihm, was dem zarten und ernsten Johann Georg deutlich schwerer fällt als dem robusten, jungen Haudrauf Friedrich. Aus diesem Grunde ist der Vater dem Jüngeren, der so erkennbar nach ihm kommt, deutlich gewogener.

Nach seinem Regierungsantritt 1680 geht Johann Georg III. zunächst forsch ans Werk. Er will Geld sparen und den übermäßigen Einfluss des Adels zurückdrängen. Dazu verkleinert er den Hofstaat beträchtlich und entlässt viele Sänger und Musiker, vor allem die italienischen. Hoffeste finden kaum noch statt. Der teuren Baukunst widmet er wenig Aufmerksamkeit, mit einer berühmten Ausnahme: Im ursprünglich als Fasanengehege angelegten Großen Garten vor dem Pirnaischen Tor wird unter der Leitung des Oberlandbaumeisters Starke das 1678 begonnene Italienische Gartenpalais vollendet. Das monumentale und künstlerisch anspruchsvolle Bauwerk gilt als erster Barockbau Dresdens, und es kann sich in seiner Pracht durchaus mit den Bauwerken anderer europäischer Höfe messen.

Am Anfang seiner Regentschaft nimmt der neue Kurfürst noch an jeder Sitzung des Geheimen Rats teil, doch bald erlahmt sein Interesse an der Regierungsarbeit. Sein Metier ist und bleibt das Militär. Er bewundert die Kriegskunst Friedrich Wilhelms von Brandenburg, was viel zur Überwindung der Spannungen mit dem nördlichen Nachbarn beiträgt. Er besucht den Großen Kurfürsten in Begleitung seiner Gemahlin schon ein halbes Jahr nach seiner Inthronisation im Februar 1681 in Potsdam und schließt mit ihm kurz darauf ein Defensivbündnis ab.

Zwei Jahre später steht der türkische Großwesir Kara Mustafa mit einem riesigen Heer vor Wien. Wie die meisten Reichsfürsten eilt auch Johann Georg III. dem Kaiser zu Hilfe. Er selbst führt die sächsische Armee mit 11.400 Mann in den Türkenkrieg und gerät persönlich in Bedrängnis durch die Feinde. Das Eingreifen seiner Truppen in Verbindung mit denen des Polenkönigs Jan Sobieski ist entscheidend für den Sieg der Kaiserlichen. Trotzdem erhalten die Sachsen nur wenig von der reichen Türkenbeute: Sechs Kanonen, fünf türkische Zelte, ein Elefant, der aber bald stirbt, und mehrere seltene orientalische

Kurfürst Johann Georg III. (1647–1691).

Manuskripte erreichen als Trophäen von Wien die sächsische Residenzstadt. Kaiser Leopold zeigt sich überhaupt undankbar und unwillig gegen seine Retter und verwehrt ihnen sogar die Verpflegung der Truppen beim Heimweg durch Böhmen. Zwei Tage nach der Ankunft in Dresden am 21. Oktober 1683 reist Johann Georg III. schon wieder zum Großen Kurfürsten von Brandenburg, wo er sich aus tiefstem Herzen über den Kaiser beklagt.

Um so mehr feiern die Sachsen ihren Kriegshelden. Sie schlagen Medaillen auf ihn, die ihn als sächsischen Mars zeigen.

Wie viele Fürsten, unter ihnen auch sein Brandenburger Nachbar, verkauft Johann Georg III. seine Untertanen als Soldaten an ausländische Mächte. Als er 1685 zum Karneval in Venedig weilt, überlässt er dem Dogen Contarini drei sächsische Regimenter mit 2.400 Soldaten für die Wiedereroberung der Halbinsel Morea, weniger als ein Drittel von ihnen kehrt in die Heimat zurück. Den niederländischen Generalstaaten stellt er 1688 für ihre Kriegszüge schon an die 10.000 Mann zur Verfügung.

Ansonsten gilt der Kurfürst als umtriebig und genussfreudig. Wenn er in Dresden weilt, was eher selten der Fall ist, speist er häufig im Hause seines Lieblings und Faktotums, des Oberhofmarschalls von Haugwitz, der dazu auch geeignete Damen lädt. Unter ihnen ist vermutlich und zumindest eine zeitlang auch seine jüngere (Halb)Schwester Ursula Margarethe. Johann Georg III. soll später gelegentlich seinen jüngeren Sohn zu solchen Gesellschaften mitgenommen haben, damit er die ersten Schritte der Galanterie erlerne.

Viel öfter als in Dresden befindet sich der Landesherr auf Feldzügen, auf Reisen und bei der Jagd, die er meist von einem seiner Schlösser aus unternimmt. Zu seinem Hofstaat gehören ein Oberhofjägermeister, ein Oberfalkenmeister, ein Oberlandjägermeister, ein Landjägermeister und sieben Oberforst- und Wildmeister. Da den Jagden oft derbe und feuchtfröhliche Stunden auf einem der zahlreichen Jagdschlösser folgen, gehört zu den Obliegenheiten des Oberhofjägermeisters Wolf Dietrich von Erdmannsdorf auch, für die passende weibliche Gesellschaft auf dem jeweiligen Jagdschloss zu sorgen. Dass dieser als vertrauter Freund von Ursula Margarethe von Neitschütz, geborene von Haugwitz gilt, ist durchaus ein Indiz für die Annahme, Ursula Margarethe habe – neben Susanne von Zinzendorf und anderen – zum Kreis der Geliebten Johann Georgs III. gehört.

Mit dem Geld aus dem venezianischen Deal mit Contarini kauft Johann Georg III. die schöne Sängerin Margherita Salicola aus einem Kontrakt frei. Sie folgt dem sächsischen Kurfürsten nach Dresden. Als sie 1686 als erste Sängerin bei Hofe auftritt, wird sie »wie ein Meerwunder angestaunt«, wie ein Zeitgenosse berichtet.

Ein anderer, damals noch sehr junger Zeitgenosse ist der 1674 geborene Johann Friedrich von Wolfframsdorff. Er gilt als Verfasser des 1704 anonym veröffentlichten Manuskripts »Portrait de la cour de Pologne«, worin er sein Insider-Wissen als Kammerdiener Friedrich Augusts offenbart. Seine Beschreibungen des Lebens am sächsischen Hof beginnen schon mit der Regierungszeit Johann Georgs III. Unter ihm sei »die größte Verderbnis hereingebrochen, da der Hof im größten Überflusse lebte und sich um nichts kümmerte, als um Essen und Trinken. Das Ministerium war verdorben durch Eigennutz und durch Faulheit. Der Leibpage war eigentlich der Premierminister. Die Geheimen Räthe begingen ihre Betrügereien einzig und allein durch ihn.« Dieser Leibpage ist August Ferdinand Pflugk. Er »sah und hörte alles, er durfte sich zu allem äußern und er wusste, wem er was zu hinterbringen hatte«, wie Hermann Schreiber es im 20. Jahrhundert schildern wird. Pflugk wird den sechs Jahre jüngeren Johann Georg bald als Kammerjunker auf seiner Kavalierstour begleiten.

Ursula Margarethe von Haugwitz wird die Generalin von Neitschütz

Die 1650 geborene Ursula Margarethe entstammt einer alteingesessenen und zu den vornehmsten des Landes zählenden Familie. Ihr Vater, Johann Adolph von Haugwitz, war kurfürstlich-sächsischer Wirklicher Geheimer und Kriegsrat, Kammerherr, Kammerpräsident und Landeshauptmann der Oberlausitz gewesen, außerdem Reichskriegsrat und Generalkriegskommissar im Türkenkrieg. Ihre Mutter Anna Catharina, eine geborene Reichsfreiin von Lützelburg, starb, als Ursula Margarethe vierzehn war. Zwei Jahre später starb auch ihr Vater. Ihr dreizehn Jahre älterer Halbbruder aus der ersten Ehe ihres Vaters, Friedrich Adolf von Haugwitz, nahm sich ihrer an. Dank des vertrauten Umgangs seines Vaters mit dem kurfürstlichen Haus wurde er wie dieser Wirklicher Geheimer und Kriegsrat und Obersteuerdirektor.

Vermutlich wird die etwa siebzehnjährige Ursula Margarethe von ihrem Bruder dem zwanzigjährigen, jung verheirateten Kurprinzen vorgestellt. Zum Verhältnis des jungen Johann Georg (später III.) und Ursula Margarethe geborene von Haugwitz gibt es keine offiziellen Vermerke, denn noch ist in Sachsen die Zeit des offenen Mätressentums nicht angebrochen. Die nie verstummenden Gerüchte und die vielfachen groben Beschimpfungen von Ursula Margarethe als Hure und Hexe, die mit dem verheirateten Kurprinzen in sündigem Verhältnis stünde, lassen es jedoch vermuten. Die Tatsache, dass Ursula Margarethe 1670 mit dem Major der Garde des Kurprinzen zu Roß, Rudolf von Neitschütz, die Ehe eingeht und zu diesem Zeitpunkt wahrscheinlich schon schwanger ist, spricht für eine rasche und zweckmäßige Verheiratung durch ihren Bruder unter Mitwirkung des Kurprinzen. Praktikabel ist eine solche Verbindung – vorausgesetzt, Ursula Margarethe ist tatsächlich die Geliebte des Kurprinzen – in zweifacher Hinsicht: Zum einen untersteht Rudolf von Neitschütz, der sich durch langjährige treue Dienste auszeichnet und keinen besonderen Eigensinn erkennen lässt, direkt der Befehlsgewalt des Kurprinzen, zum anderen würde er als Militär im Dienste seines Herrn häufig fern der Heimat weilen.

Er stammte aus der Gegend um Naumburg an der Saale, wo er 1627 in dem Dorf Neidschütz geboren war, von dem seine Familie ihren Namen herleitete. Auch seine Ahnentafel ist lang – was bei der Erhebung Sibyllas zur Gräfin noch von Bedeutung sein wird – wenn auch nicht so klangvoll wie die von Ursula Margarethe. Rudolf von Neitschütz hatte als nicht erbberechtigter jüngerer Sohn seine Heimat in jungen Jahren verlassen und war in die Residenzstadt Dresden gegangen. In deren Nähe hatte sich schon ein Vetter von ihm, gleichfalls Rudolf von Neitschütz mit Namen, auf Borthen und Röhrsdorf niedergelassen. Wie dieser trat er in den militärischen Dienst ein und wurde Offizier der Leibgarde des Kurprinzen. Nun, mit dreiundvierzig, heiratet er die Tochter einer der ersten sächsischen Adelsfamilien.

Der erste Sohn erhält den Namen des Vaters: Rudolf Heinrich. Ein Jahr später folgt der zweite Sohn, Christoph Adolph. Im dritten Ehejahr, 1672, wird die erste Tochter, Anna Catharina, geboren.

Im gleichen Jahr wird Friedrich Adolf von Haugwitz von Kurfürst Johann Georg II. zum Hofmarschall ernannt, was vermutlich vom Kurprinzen initiiert worden war, vielleicht auch als Dankeschön für die Zuführung junger Damen, unter ihnen wohl auch seine schöne Schwester. Im folgenden Jahr wird auch Rudolf von Neitschütz befördert, und zwar zum Obersten und Kommandeur des Kurprinz-Leibregiments zu Ross. Anfang 1674 bekommt Ursula Margarethe ihr viertes Kind, Margarethe.

Im Frühjahr 1674 kämpfen die sächsischen Truppen im Rheinfeldzug gegen Frankreich. Bei Sinsheim rettet Rudolf von Neitschütz dem Kurprinzen das Leben. Als im darauffolgenden Februar Magdalena Sibylla geboren wird, ist dies Gegenstand besonders wütender Gerüchte, denn die Dresdner glauben zu wissen, dass Rudolf mit der sächsischen Armee im Felde verblieb, während der Kurprinz in der Residenz gesehen wurde. Deshalb halten sie ihn für den Vater des Kindes, das seine mutmaßliche langjährige Geliebte und Ehefrau des Gardeoffiziers von Neitschütz am 8. Februar 1675 zur Welt bringt. Auch, dass das Mädchen die Vornamen von Mutter und Großmutter des Kurprinzen erhält, nehmen sie als Bestätigung. Spektakulär wird dessen mögliche Vaterschaft gerade bei diesem der neun Kinder der Ursula Margarethe, weil sich Jahre später sein Sohn und Thronfolger unsterblich in eben diese Magdalena Sibylla verliebt. Nach Sibylla kommen noch Sophie Maximiliane, Johanna Susanne und Max zur Welt.

Als Johann Georg III. 1680 Kurfürst wird, befördert er seinen Vertrauten Friedrich Adolph von Haugwitz vom Hof- zum Oberhofmarschall. Ursula Margarethes Bruder steht nunmehr an der Spitze des gesamten Hofstaates und ist damit der erste Mann nach dem Kurfürsten.

Dieser schenkt 1684 Rudolf von Neitschütz das neu errichtete, geräumige Haus auf dem Taschenberg, gleich beim Schloss. Dort hatte vorher schon ein Haus gestanden, das er kurzerhand hatte abreißen lassen. Wieder munkelt man in der Residenzstadt: Warum schenkt der Kurfürst seinem Obristen dieses Haus? Geschieht es in Anerkennung seiner langjährigen militärischen Verdienste? Schließlich hatte Rudolf von Neitschütz im Jahr zuvor bei der Schlacht vor Wien seinen Herrn aus der Bedrängnis durch die Türken gerettet. Oder ist es eine Abfindung für die von Rudolf wider besseres Wissen anerkannten Kinder des Kurfürsten? Oder will der einfach Ursula Margarethe in seiner Reichweite haben, wenn er in Dresden weilt?

Im Haus auf dem Taschenberg bringt Ursula Margarethe von Neitschütz kurz vor Weihnachten 1684 mit Friederike Henriette ihr neuntes und letztes Kind zur Welt.

Zwei ungleiche Brüder

Aus Friedrichs Romanfragment erfährt man, dass sich bei dem Knaben schon früh in das beglückende Gefühl der eigenen, gottgewollten Erhabenheit eine bittere, kaum hinnehmbare Kränkung mischt: Er, der »in seiner jugen[d] schon … zeigte das er von leibe gliederen und constitution stark wehren [werden] wierde«, muss in der Erbfolge einem älteren Bruder den Vortritt lassen, der »von natur und glietmaßen schwang [schwach]« ist. Obwohl die Natur ihn, den jüngeren, mit eindeutigen Vorteilen gegenüber dem Älteren ausgestattet hat, gibt das höfische Reglement Johann Georg als dem Erbprinzen in allem den Vorrang. Und eines Tages würde die ganze kurfürstliche Macht und Herrlichkeit an ihn, den Erstgeborenen, übergehen.

Was dem knapp siebenjährigen Friedrich während des Karnevals des Jahres 1677 widerfährt, wird wohl zum Schlüsselerlebnis seines Lebens: Die Hofgesellschaft führt zu ihrer eigenen Belustigung im Prinzengemach eine der damals üblichen, derben Komödien auf. Sie trägt den Titel

»Der durchlauchtige Gärtner, mit Maschinen.« Der achtjährige Johann Georg darf die Hauptrolle, den Gärtner, spielen, während Friedrich als des Gärtners Diener, als Pickelhäring, als Hanswurst, dem Gelächter des höfischen Publikums ausgesetzt ist. Die Kränkung durch Personen, die für das Kind bedeutsam sind, gräbt sich tief in seine Seele ein. So etwas will Friedrich nie wieder erleben. Das Erlittene verlangt von nun an nach ständiger Wiedergutmachung, nach immerwährender Bestätigung seines besonderen Wertes. Psychologen nennen dies eine narzistische Kränkung. Sie erklärt vieles, was den späteren Charakter und das Verhalten Friedrich Augusts kennzeichnet. Dass ihm nach dem frühen Tod des Bruders doch noch kurfürstlicher, bald darauf königlicher Rang zuteilwird, wird Friedrich wohl als eine zutiefst gerechte, nachgerade notwendige Korrektur des Schicksals erscheinen.

Jugendbildnis Johann Georgs.

Die Streitereien der Brüder übersteigen offenbar das übliche Maß und entwickeln sich zu einem schwelenden Dauerkonflikt, der Eltern und Erzieher beschäftigt. Sie hatten »stehten Krieg miet [mit] einander«, schreibt Friedrich im Romanfragment, in dem er von sich und seinem Bruder in der dritten Person spricht. Denn »der beihten [beiden] Temperaments wahren unterschiedlich«. Johann Georg beschreibt er als »von gemiette [Gemüt] zornig und melanquollig [melancholisch], dahrbey [dabei] aber somber [düster, trübsinnig] und sehr jeg zornig [jähzornig]«. Er selbst dagegen »wahr nicht zornig aber leiffertig [leichtfertig?]«, »wahr frehllig [fröhlich]«, immer bereit, »aller hant spas an zu stehlen [stellen] und ließig [ließ sich von] keinen bekihmernis [Bekümmernis] an fechten«.

In der Tat ist Johann Georg der zurückhaltendere und sensiblere der Prinzen. Er ist oft nachdenklich, selten unbeschwert fröhlich und zuweilen aufbrausend. Friedrich dagegen ist seit frühen Kinderjahren draufgängerisch, unbekümmert und lebhaft.

Auch die Begabungen der Brüder sind offensichtlich sehr unterschiedlich. Friedrich bescheinigt seinem Bruder, er sei »nach sinnig« [nachdenklich?] gewesen, hätte eine »inclination [natürliche Tendenz] zum gelerten« und »sehr großes belieben, Wissenschaften zu lernen« erkennen lassen, »in welchen er sehr reuchierte« [reüssierte, erfolgreich war]. Friedrich seinerseits hat mit der Schriftsprache sein Leben lang Schwierigkeiten. Seine auch für die damalige Zeit sonderbare Schreibweise würde man heutzutage sicher als Lese-Rechtschreib-Schwäche diagnostizieren. Da seine Urgroßmutter Magdalena Sibylla, die Gemahlin Johann Georgs I., offenbar mit ähnlichen Problemen zu kämpfen hatte, liegt eine genetische Disposition nahe. Friedrich hantiert jedenfalls viel lieber mit dem Degen als mit der Feder. Wie alle Kinder verspürt er »lust zu allem exercitien wohinnen er besonders tallente zeigte«. Er liebt schon früh die Jagd und »zeigte große begirde zum soltathen«. Mit seiner beeindruckenden Kraft und Gewandtheit wird er dem älteren Bruder körperlich bald überlegen.

Gleichwohl wird dem Thronerben ein größeres Engagement in Sachen Ausbildung und Ertüchtigung zuteil, wie Friedrich beklagt, um mit Stolz hinzuzusetzen, dass er dennoch der Erfolgreichere von beiden gewesen sei: »doch wenn die eltteren [Eltern] bescheftigt denen prinzen die Exerzitien lehren zu laßen weßen wegen sie zu pferde gesezet wurden lernten fechten tanzen wie auch … ball spielen und die glieder zu egagiren [engagieren, beanspruchen] der jingere aber prevallirte [prävalieren = überlegen sein] in allem unbeschadet man nicht sofiel fleis an ihm an wentete«. Diese Überlegenheit wiederum »verursachte das sich des eltesten gallusit [Galle?] vermehrtte und ihn [dazu] furhte [führte] zu unterschiedenen mahlen seine resontimens gegen ihn zu zeigen«, um letztlich sogar »hant« an ihn zu legen. Der jüngere aber, »von starcker complection und gliedern«, bezwang ihn und »fierte klagen das man ihm entlich schizte«. Nur seiner, Friedrichs, Nachgiebigkeit sei es zu danken, dass es zwischen ihnen »zu keinem extremitteten kahm«. Dennoch war es nicht zu vermeiden, »das sie nicht alleine an ander zu unter schidenen mahlen bey die kepf gehat hatten und enzlich sich gahr mit den degen überliefen« [dass sie nicht nur einander mehrmals bei den Köpfen hatten, sondern sich endlich gar mit den Degen überliefen]. Vor den kurfürstlichen Eltern suchen die Kampfhähne ihre Auseinandersetzungen zu verbergen:

»Sie schwigen aber unter sich stiller und von gleich [wenngleich] einer was bekohmen [bekommen] ... sahen sie zu ins verborgene«, was jedoch angesichts der Kampfspuren kaum gelingt: »Er wurd gahr übel zu gericht, welches wie es nicht zu verbergen wahr und es die elttern er fuhren, straften sie den jüngsten welcher doch den streit nicht angefangen hat es geschar aber fihl mehr um dem eltesten welcher übel tractirt worden wahr«.

Kurfürstin Anna Sophia von Sachsen mit ihren Söhnen Johann Georg und Friedrich August, Gemälde von Samuel Bottschild um 1680.

Meist ist das Gefühl der Zurücksetzung Ursache und Anlass heftiger Auseinandersetzungen. Friedrich mag es als Zweitgeborener öfter verspürt haben, aber es war in wesentlichen und prägenden Beziehungen auch umgekehrt. Nachvollziehbar sind überlieferte Berichte, nach denen sich der junge Vater Johann Georg (III.) stolz und erfreut darüber zeigte, dass sich Friedrichs Begabungen so deutlich in die väterliche Richtung entwickelten, während der Erstgeborene sich – wie die Mutter – eher für Bücher und fremde Sprachen und insbesondere für Mathematik interessierte. Das mitschwingende Bedauern, dass die Erbfolge den dafür offenbar Geeigneteren ausschloss, wird dem Erbprinzen Johann Georg nicht entgangen sein.

Wie Friedrich schreibt, habe auch die Großmutter der Knaben, die Gemahlin Johann Georgs II. mit Namen Magdalena Sibylla, eine besondere Liebe auf ihn, den jüngeren Enkel, geworfen. In der Tat wird der Mutterstolz der alten Kurfürstin in dem unbekümmerten Draufgänger Friedrich den eigenen Sohn wiedererkennen, zumal er mit seinen blonden Locken und dem kräftigen Körperbau auch äußerlich ihrem Sohn viel mehr gleicht als der ältere Enkel. Der gerät in Wesensart und Äußerem mehr nach seiner Mutter, ihrer dunkelhaarigen, zarten, ernsten, auf sie kühl und distanziert wirkenden, königlichen Schwiegertochter.

Die permanente Rivalität sowie die sehr unterschiedlichen Charaktere und Fähigkeiten ihrer Söhne veranlassen die Eltern schließlich, sie getrennt unterrichten zu lassen. Der Hofmeister von Knoch ist weiterhin im Wesentlichen für die Ausbildung Johann Georgs zuständig. Friedrich bekommt mit dem gebildeten, weit gereisten Christian August von Haxthausen seinen eigenen Hofmeister. Er ent-

Johann Georg oder Friedrich August? Das Foto des durch Kriegseinwirkung verlorenen Bildes eines unbekannten Malers wurde mit »Friedrich August« gekennzeichnet. Wahrscheinlicher ist jedoch, dass es sich um Johann Georg handelt. Dafür sprechen sowohl die größere Ähnlichkeit zu dem dunkelhaarigeren Knaben links auf dem vorherigen Familienbild, als auch die Überlegung, dass entweder der Auftrag für Portraits von beiden Prinzen ergangen wäre, was offenbar nicht geschah, oder eben doch nur der künftige Thronerbe portraitiert wurde.

stammt einem westfälischen Adelsgeschlecht und ist mit Liselotte von der Pfalz befreundet, die von ihm eine hohe Meinung hat.
Wie es üblich war, wird der nun sechzehnjährige Johann Georg 1684 als Thronfolger feierlich in die Landesregierung eingeführt. Dreieinhalb Jahre später wird er auch in den Geheimen Rat, das eigentliche Regierungsgremium, aufgenommen.

Das Bedürfnis Friedrichs, dem älteren Bruder in möglichst allen Belangen zuvor zu kommen beziehungsweise ihn zu übertrumpfen, durchzieht seine Kindheit und Jugendjahre bis ins Erwachsenenalter hinein: Er, der Jüngere, »daht [tat] es dem elteren alle zeit zu vor«. Friedrich, der letztlich mit 176 cm Körpergröße den Bruder um einiges überragt, meint bald nicht mehr nur die Ball- und Ritterspiele und den Kampf mit dem Degen, bei dem der Stärkere längst feststeht: »der jingere aber wahr ihm nicht alleine in sterke sondern auch ihm [im] degen überlegen welches den elttern bewog sich einstens wieder an ihm zu regnen [rächen]«. Denn ein neues spannendes Terrain zum Kräftemessen tut sich auf – die Beziehung zum anderen Geschlecht. Die heftigen Avancen des gerade Sechzehnjährigen gegenüber der »hofthame« Marie Elisabeth von Brockdorf sorgen für Aufsehen in der Residenz.

Im darauffolgenden Jahr 1687 wird Friedrich seine Kavalierstour antreten und Johann Georg wird Sibylla begegnen. In ihrem Verhältnis zu Frauen, ihrer Art zu lieben, unterscheiden sich die Brüder besonders deutlich. Während Friedrich damit beginnt, sich geradezu süchtig in eine große Zahl kostspieliger Liebesabenteuer zu stürzen, wie sein Hofmeister und Reisebegleiter Haxthausen beklagt, und diese Eigenart lebenslang beibehalten wird, begehrt Johann Georg nur die eine.

Sibyllas Kinderzeit

Als das Jahr 1675 beginnt, sind die kleinen Prinzen Johann Georg und Friedrich sechs und knapp fünf Jahre alt. Zwischen den verschiedenen Unterweisungen und religiösen Übungen vergnügen sie sich bei Schlittenfahrten und Karnevalsgaudi oder rennen mit ihren Spielzeugsoldaten gegen feindliche Festungen an. Einer der Kammerherrn ihres Vaters und »Obrist-Lieutenant beim kurprinzlichen Leibregiment zu Roß« ist Rudolf von Neitschütz. Dessen Ehefrau Ursula Margarethe bringt in Dresden am 8. Februar ihr fünftes Kind, Magdalena Sibylla, zur Welt. Wo genau die Familie in den ersten Jahren lebte, bevor sie 1684 auf den Taschenberg zieht, ist nicht bekannt. Sicher erleben die kleine Sibylla und ihre Geschwister genau wie die Prinzen im Schloss noch einige der glanzvollen Feste, Maskenumzüge und Feuerwerke zu Lebzeiten des alten Kurfürsten Johann Georg II.

Mit dem Jahr 1680 sind die bunten Vergnügungen zunächst vorbei. Vor allem für die einfachen Leute bricht eine Zeit der Katastrophen und Verunsicherungen an. Ein Bürger der Stadt Dresden hält fest, was die Menschen erleben: »Man hat alhier ein sonderliches zu betrachten auff das 1680. Jahr, weil in demselben alhier bey 6000 Persohnen an der Contagion [Ansteckung, Seuche] gestorben, auch daß der allein weise Gott drey Heubter von uns entrißen …: Zum 1. Johann Georg den anderen [den Zweiten], Churfürst zu Sachsen, als das Haubt über das ganze Land; zum 2. Herrn Martin Geyern, Dr. und General-Superindent, nehmlich das Haubt der Geistlichkeit, und zum 3. Herrn Franciscus Jüngern, Regierenden Bürgermeister, als das Haubt von hiesiger Bürgerschaft in Dresden.«

Fünf Jahre später bringt ein großes Feuer, welches das rechtselbisch gelegene Altendresden fast vollständig vernichtet, neues Elend für die Dresdner Bevölkerung. Um die Zahl der »Bettelkinder« einzudämmen, gründet der Kaufmann Grätzel 1685 in einem Haus am Jüdenteich eine »Beschäftigungs- und Versorganstalt« und lässt die Kinder in seiner Manufaktur arbeiten. Nach Klengels Plan entsteht mit einem Zentrum und drei Achsen die »neue Stadt bey Dresden«.

Über Sibylla selbst sind nur wenig verlässliche Informationen überliefert, dafür umso mehr Legenden. Nicht in Frage steht, dass sie ein hübsches Kind ist, dessen unbefangene Natürlichkeit und Freundlichkeit anziehend wirken.

Spiegel ihres angenehmen Wesens sind vor allem die Menschen, die ihr zugetan sind. Da ist zunächst die gebildete, als nordisch-kühl und zurückhaltend beschriebene dänische Königstochter und Kurfürstin Anna Sophie. Sie ist zwar stolze Mutter zweier Knaben, was Bottschilds Gemälde eindrucksvoll zeigt, aber eine Tochter hat sie nicht.

Und da ist der kluge und warmherzige Christian August von Haxthausen, Friedrichs Hofmeister, der sich, bevor er ab Mai 1687 den jüngeren Prinzen auf dessen zweijähriger Kavalierstour zu begleiten hat, bei Sibyllas Eltern »um die Ehe bewirbt«. Dem lebenserfahrenen Witwer und Kenner der Verhältnisse in der Residenzstadt liegt ganz offenbar viel daran, sich mit der gerade Zwölfjährigen zu verloben. Er wird später, als er von der Liebe des Erbprinzen zu Sibylla erfährt, aus Klugheit dem höheren Bewerber weichen. So formuliert es Eduard Vehse, der

Dresdner Archivar und Chronist des Lebens an den europäischen Fürstenhöfen, um 1850.

Mittlerweile formt die Natur aus dem fröhlichen Kind ein anmutiges junges Mädchen. Die für junge Damen ihres Standes üblichen Beschäftigungen wie das Erlernen der »galanten« Sprachen und der Tanzunterricht lassen ihr sowohl genügend Zeit als auch Gelegenheit, mit mädchenhafter Koketterie den Männern den Kopf zu verdrehen. Zu denen, die das prickelnde Spiel gern mitspielen, gehören vermutlich ihr Französischlehrer Saladin und sicher noch einige andere. Auch der Oberkriegskommissar Klemm, der im Hause Neitschütz verkehrt, und der Kammerjunker Vitzthum von Eckstädt machen Sibylla den Hof. Beide wird man später als ihre Liebhaber bezeichnen. Sie habe es sogar mit zweien gleichzeitig getrieben, weiß man in Dresden zu berichten. So kommt das bezaubernde Mädchen binnen kurzem in den Ruf eines sündigen und »verbuhlten« Wesens. Unter ihrem Liebreiz und ihrer Sanftheit seien Falschheit und Verderbtheit geschickt verborgen.

Als am 3. April 1690 auf dem Taschenberg ein totes Neugeborenes gefunden wird, geht das Gerücht um, es sei das Kind der fünfzehnjährigen Sibylla aus der Liebschaft mit Saladin, der ihr beim Vergraben der Kinderleiche geholfen habe. Laut wird eine Untersuchung gefordert, denn Kindesmörderinnen werden im Sack ertränkt. Eigens dafür gibt es den Stein auf der Augustusbrücke. Johann Georg III. jedoch verzichtet auf eine Untersuchung der Angelegenheit. Die Dresdner reden von Nachsicht gegenüber der eigenen Tochter, die in ihrem Lebenswandel ganz nach ihrer Mutter komme.

Aus den Erinnerungen der Ursula Margarethe von Neitschütz (I)

Seit sie 1684 hierher gezogen waren, konnte sie aus ihrem Fenster hinüber zum Schloss schauen. Rudolf, ihr Erstgeborener, war damals vierzehn wie Friedrich, der junge Herr drüben. Der erschien ihr immer viel aufgeweckter als der anderthalb Jahre ältere Johann Georg, und sie bemerkte wohl, dass er bald damit begann, ein Auge auf ihre Töchter zu werfen, zuerst auf Anna Catharina, dann auf Sibylla. Ganz der Vater, dachte Ursula Margarethe.

Sie war aber auch ein hübsches Kind. Jedermann sah es gern an, das Mädchen mit den goldblonden Locken und den hellbraunen Augen. Mit dem zarten, ebenmäßigen Gesichtchen, ihrer zierlichen Gestalt und den anmutigen Bewegungen glich sie einer kleinen Elfe. Nicht weniger angenehm und anziehend war ihr heiteres, aufgewecktes Wesen. Sogar die Kurfürstin, die ernste und fromme Anna Sophie, war von Sibyllas Liebreiz eingenommen und ließ sie manchmal zu sich rufen, besonders seit sie sozusagen Nachbarn waren. Die Tochter des Gardeoffiziers und Nichte des Oberhofmarschalls war eben nicht nur eine hoffähige, sondern auch eine liebenswerte und gern gesehene junge Gesellschafterin. Dabei konnte sie auch lebhaft und keck sein. Sie hatte einfach etwas an sich, dass jedermann in ihren Bann zog.

Bestimmt wusste die Kurfürstin Anna Sophie von einigen Geliebten ihres Gemahls, sie hielt sich ja auch meist betont fern von ihm. Aber das Gerücht, Sibylla sei seine Tochter, schien sie nicht zu kennen oder ihm keinen Glauben zu schenken. Hätte sie das Mädchen sonst so gern um sich gehabt? Die Meinung der gebildeten dänischen

Königstochter galt etwas bei Hofe, um so mehr, als der Kurfürst häufig abwesend war. Die Söhne hatten immer großen Respekt vor ihr. In seinem ernsthaften Wesen war der Ältere der Mutter ähnlicher. Die Entenschnabelnase und die dunklen Augenbrauen haben beide von ihr, stellte Ursula Margarethe fest. Gleich zu Beginn des Jahres 1686 nahm Gott die zweijährige Johanna Susanne zu sich. Kurz darauf wurde Rudolf zum Generalmajor befördert. Sie nannte man von da an nur noch die Generalin. Den Aufstieg habe er nur ihr zu verdanken, sagten die Leute, denn er sei trotz seiner Meriten ein Edelmann von gar schlechten Qualitäten. Vor Ostern 1688 starb dann auch Max, kaum fünf Jahre alt. Gott gibt und Gott nimmt, ging es ihr durch den Kopf und sie seufzte.

Wappen derer von Neitschütz.

Die erste grosse Reise

Im Jahr 1685 hält Johann Georg III. den Zeitpunkt für gekommen, seinen älteren Sohn auf die Grand Tour zu schicken, wie man die zu der Zeit übliche Kavalierstour bei hochadeligen Sprösslingen auch nennt. Durch sie soll der junge Prinz seine Bildung vervollkommnen und das nötige Rüstzeug für seine künftige hohe Würde erwerben. Der Kurfürst lässt die Reise vorbereiten, bestimmt das Personal für die Begleitung und veranschlagt die Höhe der Ausgaben, die von der Ständeversammlung genehmigt werden.

Am 7. November 1685 tritt Johann Georg – gerade 17 Jahre alt – die einjährige Reise an, auf der er bedeutende europäische Fürstenhöfe besuchen wird. Ihn begleiten sein Hofmeister von Knoch, ein Prediger, ein Leibmedicus, ein Stallmeister und weitere Bedienstete. Bis Leipzig, das sie am 10. November erreichen, begleitet ihn der fünfzehnjährige Friedrich mit seinem Gefolge. Von hier führt die Route durch Frankreich, England, Holland nach Dänemark zur Familie seiner Mutter, wo er von seinem Onkel, König Christian V., mit dem Elephantenorden geehrt wird.

Knoch ist vom Kurfürsten mit umfänglichen Instruktionen versehen worden. Die erste gilt der Gottesfürchtigkeit seines Schützlings: »Erstlich soll derselbe … unsern geliebten Printzen dahin allezeit erinnern, dass ihre Liebden vor allen andern gott, … hertzlich und eifrig vor Augen haben …« Die zweite Instruktion ermahnt den Hofmeister, »… sonderlich ihrer Liebden complexion [Leibesbeschaffenheit] wohl und so viel mehr zu menagieren [mäßigen], je mehr ihme deroselben etwas schwache natur gnugsamb bekant ist«. Deshalb solle Knoch täglich fleißig mit dem »leibmedico« kommunizieren, der vom »collegio medico mit gewißer instruction versehen worden ist«. Er habe »alzu heftige Bewegung und große Erhitzung zu praecautioniren« und darauf zu achten, dass der Jüngling nicht zu viel Obst zu essen bekommt. Die Vorsichtsmaßregeln erklären sich durch die Notizen des Hofpredigers Carpzov, nach denen Johann Georg »in zarter Jugend mit vielen Blähungen und Bauchgrimmen belästigt« sowie von Blasensteinen gequält worden sei. Auch Friedrich schreibt, dass der Bruder »schmächtig krencklich wahr«. Ferner soll Knoch den jungen Prinzen nicht allein in seinem Zimmer nächtigen lassen bzw., wenn dies nicht möglich sein sollte, dafür Sorge tragen, dass die Türen zum Prinzengemach bewacht sind.

Im Dezember trifft die Reisegesellschaft in Paris ein. Die Fertigstellung der Livree für den Empfang bei Ludwig XIV. verzögert sich. Die Zeit ist dennoch angefüllt. Obwohl der sächsische Kurprinz auf väterlichen Wunsch inkognito reist – aus Sicherheitserwägungen und um die komplizierte Hofetikette zu umgehen – suchen eine ganze Reihe von adeligen Herrschaften die Gesellschaft des »Grafen von Barby« auf. Das penibel geführte Reisetagebuch verzeichnet den Besuch einiger Aufführungen der italienischen und französischen *Comédie* und der *Opera* sowie zahlreiche Einladungen zu Gesellschaften. Es belegt, wem der Kurprinz seine Aufwartung machte beziehungsweise wen er empfing. Knoch berichtet regelmäßig an den Kurfürsten, zum Beispiel unter dem 25. Dezember, dass an Exercitien bisher nur mit dem Tanzen begonnen worden sei, nächste Woche solle das Reiten folgen.

Ludwig XIV. ist in den achtziger Jahren des siebzehnten Jahrhunderts auf dem Höhepunkt seiner Macht. Seiner Schwägerin, der schon erwähnten Liselotte von der Pfalz, ist Johann Georg bereits in der Oper begegnet. Am 5. Januar stellt sie ihn dem gerade Billard spielenden König vor. Die scharfsichtige Beobachterin und wortgewandte Briefschreiberin ist dem jungen sächsischen Kurprinzen gewogen und beschreibt ihn ihren Briefpartnern mit freundlichen Worten: »Ich glaube, daß dieser Churfürst verstandt hatt; er redt nicht viel, man sieht aber woll, daß er alles remorquiert [erfasst, aufnimmt], und scheindt auch gar sobre [beherrscht, dezent] zu sein.« Bei seinem Aufenthalt wolle sie ihn wenn nötig und mit seinem Einverständnis korrigieren, da sie ungern sähe, dass die Franzosen an ihm »als einem großen

Elisabeth Charlotte von der Pfalz, Herzogin von Orléans (1652–1722), genannt Liselotte von der Pfalz.

deutschen Prinzen« etwas zu tadeln finden sollten. Sie ist es auch, die Johann Georg später als melancholisch und seinen Bruder Friedrich August als »viel mehr vivacitet [lebhaft]« beschreibt.

Spätestens in Frankreich begegnet Johann Georg einer im heimatlichen Sachsen noch weitgehend unbekannten Erscheinung: den Favoritinnen, den Mätressen, denen zumindest solange eine einflussreiche Stellung im höfischen Leben zukommt, wie sie in der Gunst des Herrschers standen. In den Monaten seines Aufenthaltes in Frankreich ist Madame de Maintenon die Favoritin des Königs. Sehr wahrscheinlich drehen sich viele der Unterhaltungen mit seinen häufig jugendlichen Gesprächspartnern, zum Beispiel den jungen Herren von Werthern und von Einsiedel, um Madame de Maintenon, die Liebe und das Verlangen nach dem anderen Geschlecht, zumal von Knoch bei diesen Gesprächen meist nicht anwesend ist. In Johann Georg formen sich Gedanken und Wünsche zu einem eigenen Bild von der Liebe.

Ein Jahr und tausende Meilen ist die kleine Mannschaft unterwegs – trotz halbwegs komfortabler Kutschen eine strapaziöse Zeit. Doch die Reise bringt Johann Georg, was sie bringen sollte: Erfahrungen, Erkenntnisse und für einen künftigen Kurfürsten wichtige Begegnungen und Bekanntschaften.

Auch die Beziehungen zu seinen Begleitern werden noch fester und vertrauensvoller. Der Geheime Rat und Oberkonsistorialpräsident von Knoch bleibt Johann Georgs Ratgeber auch nach dem Tod des Vaters 1691. Und der mitreisende Kammerjunker Ferdinand Pflugk, Liebling Johann Georgs III., gewinnt auch die Sympathie von dessen Sohn. Als er selbst Kurfürst wird, erhebt er Pflugk zum Oberkammerherrn. Doch zunächst kehrt die hohe Reisegesellschaft am 24. November 1686 nach Dresden zurück.

Heimliche Liebe

»Sieben Jahre währte meine Liebe«. Diese Worte des jungen Kurfürsten, gesprochen kurz nach Sibyllas Tod, wird sein Kammerdiener Heinrich Besser im großen Inquisitionsprozess gegen die Generalin von Neitschütz wiedergeben. Es gibt keinen Grund, Johann Georg nicht zu glauben, dass er sich schon bei der ersten Begegnung im zeitigen Frühling 1687 in die damals Zwölfjährige verliebt. Vielleicht begegnet er ihr im Schloss, als sie gerade die Kurfürstin besucht.

Es ist derselbe Frühling, in dem Haxthausen, Klemm und Vitzthum von Eckstädt um Sibylla werben. Ob sich zu dieser Zeit auch die folgende Begebenheit ereignet, oder erst zwei Jahre später, nach Friedrichs Rückkehr von der Grand Tour, ist nicht mit Sicherheit zu sagen.

Friedrich, der von der Liebe seines Bruders zu Sibylla erfahren hat, rühmt sich bald intimer Begegnungen mit ihr. Zum »Beweis« sorgt er dafür, dass Johann Georg von einem Rendezvous erfährt, zu dem er Sibylla in einen Garten der Vorstadt Ostra bestellt hat. Der ihnen nachgeeilte Johann Georg findet beide in sehr vertraulicher Pose, wie ihm scheint, und stürzt mit gezücktem Degen auf Friedrich los. Beide geraten in ein ernstes Handgemenge, das erst durch das Eingreifen der Begleiter beendet wird. Die kurfürstlichen Eltern verbieten hinfort beiden Söhnen jeglichen Umgang mit der – aus ihrer Sicht – Verursacherin des Brüderstreits, deren unehrenhafter Ruf mit der Begebenheit gleich mitberichtet wurde. Johann Georg wird sich nicht an das Verbot halten.

Am 19. Mai 1687 bricht nun auch der zweite der Prinzen, der gerade siebzehn gewordene Friedrich, in Begleitung Haxthausens und einer nicht ganz so umfangreichen Reisegesellschaft zu seiner Grand Tour auf. Fast zwei Jahre ist er unterwegs, bis ihn der kurfürstliche Vater im März 1689 nach Dresden zurückbeordert.

Johann Georg hält sich während dieser Zeit im Wesentlichen in Dresden auf und wird auf Weisung des Vaters in Regierungsgeschäfte eingebunden. Die Eltern und natürlich die damit beauftragten Hofleute tun alles, um Begegnungen zwischen ihm und Sibylla zu verhindern. Wie es ihnen trotz der Bewachung – vor allem des jungen Mannes – gelingt, in Verbindung zu bleiben, kann man nur vermuten. Wahrscheinlich tauschen sie über Boten Liebesbriefe aus, wahrscheinlich gibt es heimliche nächtliche Treffen.

Offizielle, höfliche Briefe tauscht Johann Georg seit 1687 mit seiner Cousine, der dänischen Prinzessin Sophie Hedwig in Copenhagen und verlobt sich mit ihr, dem heftigen Wunsch der Mutter folgend. In Sophie Hedwigs Zeilen schwingen Freundlichkeit und Hoffnung mit. Ende 1691 wird der inzwischen Kurfürst Gewordene zur großen Enttäuschung Anna Sophies die Verlobung wieder lösen. Da ist Sibylla schon offiziell an seiner Seite. Die verschmähte Dänin bleibt zeitlebens unverheiratet.

Nachdem Frankreichs Sonnenkönig Ludwig XIV. 1688 den Pfälzer Erbfolgekrieg vom Zaun gebrochen hat, beteiligt sich auch Kursachsen am Krieg des Reiches gegen die Eroberer. Drei Mal zieht Johann Georg III. mit dem sächsischen Heer gegen Frankreich. Schon beim ersten Feldzug im Frühjahr 1689 drängt die Kurfürstin Anna Sophie ihren Gemahl, den älteren Sohn mit an den Rhein zu nehmen. Dies geschieht nach Meinung eines gut informierten Zeitgenossen, »um ihn nachteiligen Einflüssen von Personen zu entziehen, die ihn unter Ausnutzung seiner starken Sinnlichkeit zu verleiten suchten«. Der Vermerk offenbart, dass es dem heimlichen Liebespaar immer wieder gelingt, der Liebe neue Nahrung zu geben. Ursula Margarethe von Neitschütz billigt die Liebe des Erbprinzen zu ihrer Tochter und unterstützt sie, sieht sie doch in der persönlichen Nähe zum künftigen Kurfürsten – vermutlich aus eigener Erfahrung – mehr Vorteile als Gefahren. Selbstredend gibt dies im evangelisch-puritanischen und gleichermaßen abergläubischen Sachsen der Empörung über Mutter und Tochter neue Nahrung. Von Kuppelei und Hurerei und vom Behexen des jungen Erbprinzen wird geredet – noch hinter vorgehaltener Hand. Als Ursula Margarethe im Mai 1689 in Begleitung Sibyllas im Feldlager bei Schweinfurth erscheint, vordergründig um ihren Ehemann zu besuchen, löst sie damit sogar einen Eklat aus.

Nachdem der Feldzug im Herbst 1689 in die übliche Winterpause geht und der Kurfürst mit seinen Söhnen nach Dresden zurückkehrt, nutzen Johann Georg und sein Billchen, wie er sie nennt, wieder jede sich bietende Chance für wenigstens briefliche Kontakte. Trotz ihrer Vorsichtsmaßnahmen und Täuschungsmanöver bleibt dies nicht unentdeckt. Da Verbote sichtlich nichts bewirken, erwägen die kurfürstlichen Eltern etwas Anderes: Vielleicht können ja neue, frische Eindrücke die fehlgeleitete Sinnlichkeit ihres Sprösslings auf sich ziehen und die vorhandenen verdrängen, besonders, wenn er weit entfernt von seiner Angebeteten weilt. Sie beschließen, dass der Erbprinz umgehend die bei seiner Kavalierstour ausgesparte Italienreise nachholt. Daher bricht Johann Georg mit Gefolge gleich nach der Leipziger Neujahrsmesse 1690 nach Italien auf.

Unterwegs hat er gleich noch Gelegenheit, seine politische Bildung zu vervollkommnen: In Augsburg nimmt er an den Feierlichkeiten zur Krönung des Kaisersohns Joseph zum Römischen König teil und begegnet dabei mehreren Kurfürsten und anderen hohen Adeligen sowie sonstigen, meist katholischen Würdenträgern.

In Venedig trifft Johann Georg zur Karnevalszeit ein, was sicher so beabsichtigt ist, denn da sind Jubel und Trubel am größten und die Sitten am lockersten. Dann reist er weiter nach Florenz und schließlich nach Rom. Neben einem umfangreichen Besichtigungsprogramm besucht er Opern- und Konzertaufführungen, wird zu Empfängen geladen oder gibt selbst welche. So nutzt Johann Georg den nachgeholten Teil der Grand Tour ganz zu dem Zweck, für den sie ursprünglich gedacht war, nämlich als klassische Bildungsreise. Von erotischen Abenteuern, wie sie von Friedrich allenthalben berichtet werden, ist bei Johann Georg keine Rede. Zur Ostermesse ist er wieder in Leipzig, wo ihn Vater und Bruder erwarten.

Im Juni nimmt der Vater beide Söhne erneut mit an den Rhein in den Krieg gegen Frankreich. Im Feldlager steckt sich der ältere mit der dort grassierenden Ruhr an. Er überwindet sie »mit guter Diät und Arznei«, wie der Hofprediger Dr. Carpzov notiert. Im Herbst sind sie wie üblich zurück in der Residenz. Das Hoftagebuch berichtet von Jagdausflügen, einem erneuten Messebesuch und weiteren kleinen Reisen, zu denen Johann Georg seinen Vater auf dessen Geheiß begleitet.

1690 ist auch das Jahr, in dem der zwanzigjährige Friedrich an den Blattern erkrankt, wie man die Pocken damals nennt. Er übersteht die Krankheit dank seiner robusten Konstitution und ist nun immun gegen sie.

An der Universität Leipzig bricht im gleichen Jahr der so genannte Pietistenstreit aus. Die Professoren August Hermann Franke und Christian Thomasius ziehen mit ihren lebenspraktischen, in Deutsch vorgetragenen Betrachtungen die studentische Zuhörerschaft in ihren Bann und den Hass ihrer Neider auf sich. Wie ihr Freund, der Dresdner Oberhofprediger Spener, engagieren sie sich für ein toleranteres und den Menschen zugewandtes religiöses Denken. Unter Speners Ägide dürfen die Katholiken in Dresden im Hause des Kaiserlichen Gesandten die Messe

August Hermann Franke (1663–1727).

anhören und auch die Reformierten eine Gemeinde bilden und in einem Bürgerhaus ihren Gottesdienst abhalten.

Der aus dem Elsass stammende, hochgebildete Dr. Philipp Jakob Spener ist seit dem Sommer 1686 Oberhofprediger und Beichtvater der kurfürstlichen Familie und in dieser Eigenschaft auch für den Kurprinzen Johann Georg eine wichtige Bezugsperson. Der pflichtbewusste Seelsorger hatte sein Beichtkind Johann Georg III. mehrfach wegen dessen Lebenswandels getadelt, so wie seinerzeit Dr. Geier den vorherigen Kurfürsten. Ob Spener das ausufernde Trinkverhalten auch des jetzigen Kurfürsten oder dessen außereheliche Beziehungen kritisierte, ist wegen des diskreten Vorgehens Speners nicht bekannt. Schließlich erregen dessen Vorhaltungen in einem Brief vom Februar 1691 den Unmut des Kurfürsten derart, dass er ihn aus seinem Amt entlässt. Immerhin hält die Kurfürstin Anna Sophie an Spener als ihrem geistlichen Beistand fest. Als neuen Oberhofprediger beruft Johann Georg III. den bisherigen Hofprediger Dr. Samuel Benedikt Carpzov, der im Verein mit seinem in Leipzig lehrenden Bruder ganz wesentlich die Stimmung gegen Spener angeheizt hatte.

Die beiden Leipziger Professoren und Spener, der wegen seines hohen moralischen Anspruchs als Vater des Pietismus verehrt wird, gehen nach Brandenburg, wo sie Kurfürst Friedrich, der Sohn Friedrich Wilhelms und spätere erste König von Preußen, gern aufnimmt.

Ob der junge Johann Georg, der den Wissenschaften zugetan ist, wie sein Bruder schreibt, auch nur ansatzweise ahnt, was seinem Land mit diesen Geistesgrößen verloren geht? Wahrscheinlich nicht. Vielmehr vertraut er dem Hauptankläger des Professors Thomasius und fühlt sich ihm - vielleicht auch Sibyllas wegen - verpflichtet: Es ist ihr Onkel, der Oberhofmarschall von Haugwitz. Der förderte einst den jungen Thomasius, bis ihn eine Schrift desselben erboste, worin er die Ehe zwischen Personen mit verschiedener Konfessionszugehörigkeit verteidigte. Haugwitz meinte, der Verfasser verdiene deshalb auf den Königstein gesetzt zu werden.

Christian Thomasius (1655–1728).

Thomasius wird bei 200 Talern Strafe verboten, Vorlesungen zu halten und Bücher herauszugeben. Auf Betreiben seines Oberhofmarschalls erlässt Johann Georg III. in seinem letzten Lebensjahr sogar einen Arrestbefehl gegen Thomasius und lässt seine ganze Habe konfiszieren. Als dieser seinen Platz an der Universität räumt, lassen die Leipziger Professoren hinter ihm das Armesünderglöcklein läuten, was gemeinhin Hexenverbrennungen einläutet. Thomasius geht wie Franke nach Halle und beide begründen hier den guten Ruf der Universität. Der brandenburgische Kurfürst Friedrich macht Thomasius zu seinem Rat mit 500 Talern Gehalt. Für besagte Schrift zahlt er ihm 100 Dukaten. Sie trifft nämlich auf seine Schwester zu, die als Reformierte in zweiter Ehe den lutherischen Herzog Moritz Wilhelm von Sachsen-Zeitz geheiratet hat.

Im selben Jahr 1691 errichten wohlhabende Bürger in Leipzig ohne kurfürstliche Zuwendung ein Opernhaus. Johann Georg wird nach seiner Amtsübernahme der feierlichen Einweihung beiwohnen. Der große Baumeister Klengel, der die Prinzen in die Grundlagen der Architektur eingeführt und noch den späteren Zwinger-Baumeister Pöppelmann ausgebildet hat, stirbt.

Beide Prinzen müssen den Vater wiederum in den rheinischen Feldzug begleiten. Johann Georg III. ist Commandant en Chef sämtlicher Reichstruppen. Er und sein Feldmarschall Hans Adam von Schöning, der im Vorjahr erst aus brandenburgischen in sächsische Dienste übergetreten ist, liegen fortwährend im Streit mit dem Befehlshaber der kaiserlich-österreichischen Truppen, General Caprara.

Obwohl seine Gesundheit angegriffen ist, nimmt Johann Georg III. weiter selbst an den Kampfhandlungen teil. Dann tritt das Unerwartete ein: Der Kurfürst erkrankt, lässt sich nach Tübingen bringen und stirbt hier am 12. September 1691 im Alter von 45 Jahren. Welche Umstände letztlich genau seinen Tod bewirkten, ist unklar. Am wahrscheinlichsten ist eine Infektion mit der Cholera, die damals häufig im Gefolge von Feldzügen auftrat und an der auch Friedrich zur gleichen Zeit litt. Sie geht mit schweren Durchfällen, also hohem Flüssigkeitsverlust, einher. Dies wiederum passt zum »Visum repertum«

des Leibmedicus Franke, der bei der Einbalsamierung des Leichnams Herz und Lunge seltsam blutleer, also ausgetrocknet, gefunden hatte – ein Umstand, der im Inquisitionsprozess gegen die Generalin von Neitschütz eine Rolle spielen wird. Mit einem Schlag verändert sich für den Kurprinzen Johann Georg das ganze Leben.

Johann Georg IV.

Aus den Erinnerungen der Ursula Margarethe von Neitschütz (II)

Der Not gehorchend versuchte Johann Georg die Regungen seines Gefühls tief im Inneren zu verbergen. Denn schon bei der ersten Vermutung wendeten seine durchlauchtigsten Eltern alles Mögliche an, diese Liebe zu zerstören. Doch kein Verbot wollte fruchten, alle Maßregeln waren ganz vergeblich gefasst. Johann Georg ließ nichts unversucht, um Sibylla nur immer wieder zu sehen. So wie im Sommer 1689. Das sächsische Heer stand gegen Frankreich im Felde. Der Kurfürst befehligte es selbst. Seine Söhne waren bei ihm und natürlich auch Rudolf als sein Generalmajor. Der junge Johann Georg verging vor Sehnsucht nach Sybilla. Durch einen Boten bat er sie, Ursula Margarethe, inständig, mit ihrer Tochter ins Heerlager zu kommen, denn die Generäle bekamen üblicherweise Besuch von ihren Ehefrauen. Und sie folgte seinem Wunsch. Der Kurfürst begriff den eigentlichen Sinn der Unternehmung. Die Wut gegen den Sohn, der sich den strengsten Verboten zum wiederholten Male widersetzt und seine kurfürstlichen Eltern so schmählich hintergangen hatte, entlud sich gegen den unbeteiligten Rudolf. Mitten im Krieg entließ der Kurfürst seinen Generalmajor – in Unehren, vorgeblich wegen Unregelmäßigkeiten bei der Auszahlung des Soldes. Erschrocken verließen sie zu dritt das Heerlager. Rudolf tat ihr leid. Aber noch mehr fühlte sie mit dem jungen Johann Georg, dessen melancholische Natur sie anrührte, und weil er sich schon so lange und voller Kummer nach Sibylla verzehrte.

Im Januar 1690 musste Johann Georg nach Italien reisen. Das sollte ihm Zerstreuung und Ablenkung bringen. Aber er schrieb ihr trotzdem sehnsuchtsvolle Briefe.

Erst im Herbst 1691 wendete sich das Schicksal. Das sächsische Heer stand wieder gegen Frankreich im Felde, als der Bote aus Tübingen die Nachricht vom Tod des Kurfürsten brachte. Jetzt war der Weg für Johann Georg frei. Niemand würde ihm mehr seine Liebe verbieten können. Ganz formvollendet sprach er bei Rudolf und ihr vor. Er versprach, Sibylla wie eine rechtmäßige Ehefrau zu ehren und zu lieben und bat um ihren elterlichen Segen. Nicht Mätresse wie in Frankreich, nein, Ehefrau sollte sie heißen, auch ohne den Segen der Kirche. Sie sollte Gräfin werden, desgleichen ihre mit ihm gezeugten Kinder. Er würde dem Kaiser in Wien dafür reichlich geben.

Wieder rührte er ihr Herz. Sie glaubte ihm. An jenem Oktoberabend geleitete sie Sibylla selbst in sein Schlafgemach. Als die beiden im Bette lagen, machte sie über ihnen dreifach das Zeichen des Kreuzes. Ganz ohne Segen sollten sie doch nicht sein.

Die Aufregung in der Residenz war unbeschreiblich. Nicht immer war sie, Ursula Margarethe, über das Geschwätz erhaben. Manches war auch zu gehässig. Dieser Lüttichau zum Beispiel. Der Herr Bruder hatte ihn damals mit der Bemerkung aufziehen wollen, sein Geschlecht habe das Privileg, dem Kurhause allezeit einen Narren zu halten. Da hatte der doch die Stirn zu erwidern, die von Haugwitz hätten dagegen das Vorrecht, demselben Haus die Huren zu ziehen. Sie hatte alle die Schmähungen ausgehalten, aber dass die Leute Sibylla für eine Hure hielten, traf sie tief.

Eine zeitlang glaubte Johann Georg den bösen Verleumdungen. Aber er kehrte wieder zu Sibylla zurück. Und beschenkte sie fürstlich. Sieben Jahre währte seine Liebe, so waren seine Worte an ihrem Totenbett. Der Herrgott weiß, warum sie auch sein Todesengel werden musste …

Der junge Kurfürst

Ereignisreich und voller Umbrüche ist dieser Herbst des Jahres 1691. Angesichts des Todesfalles, der den knapp dreiundzwanzigjährigen Johann Georg so unerwartet in Amt und Würden bringt, kann man sich seine emotionale Situation als ziemlich bewegt vorstellen. Es sind ganz unterschiedliche Gefühle: Betroffenheit, Erleichterung darüber, dass der Zwang zur Unterordnung unter den mächtigen Vater sich so plötzlich auflöst, aber auch gespannte Unruhe angesichts dessen, was nun auf ihn zukommt.

Bereits in Tübingen und im Feldlager huldigen die anwesenden Mitglieder des Hofes und die sächsischen Truppen ihm als dem neuen Kurfürsten. Bestimmt erfüllt es ihn mit Stolz, dass die Geschicke des Landes jetzt in seiner Hand liegen. Aber er ist nicht der Herrschertyp, der sich an der Machtfülle berauscht. Neben der Würde fühlt er auch den enormen Druck von neuen Pflichten und an ihn gestellten Erwartungen. Dies alles mündet bald in einen umfassenden und anhaltenden Tatendrang.

Auch der Oberbefehl über das Reichsheer geht vom Vater auf den Sohn über. Wie dieser vertraut Johann Georg dem Feldmarschall Schöning. Er ernennt ihn zum Generalfeldmarschall mit allen Vollmachten. Das ermöglicht ihm selbst, sich anderen dringenden Angelegenheiten zuzuwenden.

Die Lage in diesem Krieg um die Pfalz bleibt verfahren. Neben den Rivalitäten der beteiligten Heerführer und Offiziere, bei denen auch die Zugehörigkeit zu unterschiedlichen Konfessionen eine

Rolle spielt, haben wohl auch beträchtliche französische Bestechungsgelder an die militärischen Führer einen Sieg der Reichsarmeen verhindert. Friedrich Wilhelm, der vor drei Jahren verstorbene Große Kurfürst von Brandenburg, hatte solche Zahlungen für politisches und militärisches Wohlverhalten im Sinne Frankreichs regelmäßig kassiert. Vermutlich setzt der vor kurzem noch brandenburgische Militär Schöning diese Tradition in sächsischen Diensten fort. Davon ist zumindest Kaiser Leopold überzeugt, der nicht zögern wird, Schöning verhaften zu lassen, sobald sich im darauffolgenden Frühsommer dafür die Gelegenheit ergibt.

Zunächst beschäftigen Johann Georg innenpolitische Fragen Sachsens. Er ruft noch in Tübingen seinen früheren Reisebegleiter und Instructor, den Geheimen Rat von Knoch, zu sich. Die beiden sprechen über eine Reihe von Veränderungen der Hof- und Staatseinrichtung. Daher erwarteten viele, dass Knoch der neue Premier wird. Doch Johann Georg entscheidet sich anders. Er beruft Schöning, den sein Kontrahent Knoch als honetten Schurken tituliert, auch in dieses hohe Staatsamt. Offenbar stimmt der junge Kurfürst mit Schöning darin überein, dass Brandenburg in einigen grundlegenden Staats-, Finanz- und militärischen Angelegenheiten vorteilhafter agiert als Kursachsen, und dass es daher klug ist, sich in manchem am nördlichen Nachbarn zu orientieren.

Johann Georg lässt Schöning freie Hand für einige Veränderungen, behält sich jedoch Personalentscheidungen vor: Haugwitz bleibt Oberhofmarschall, der Vertraute Pflugk wird Oberkämmerer, dessen Vorgänger in diesem Amt, Gersdorf, wird Geheimer Ratsdirektor und erhält die Landvogtstelle in der Oberlausitz, Haxthausen wird sächsischer Gesandter am Kaiserhof in Wien und Rudolf von Neitschütz wird wieder Generalmajor.

Dass der neue Kurfürst einen Nicht-Sachsen zum obersten Minister ernennt, weil er ihn dafür für befähigt hält, ist eine moderne und nachgerade kühne Entscheidung. Sie missfällt natürlich den alteingesessenen Adelsfamilien, die seit Generationen die Macht im Land unter sich aufgeteilt haben und zu behaupten suchen, ganz außerordentlich. War es doch seit jeher Brauch, dass einträgliche Ämter vom Vater auf den Sohn übergingen oder zumindest im Zirkel der Altadeligen vergeben wurden. Ob derjenige überhaupt die Fähigkeiten für das Amt besaß, spielte eine untergeordnete Rolle.

Hans Adam von Schöning (1641–1696).

Missfallen erregen überdies nicht nur Art und Stellung Schönings, der bei der Eröffnung des Landtages Anfang 1692 gleich links vom Kurfürsten sitzen darf, sondern noch viele andere ungewohnte Verhaltensweisen ihres neuen Landesherrn, vor allem sein Lebenswandel.

Auch Ursula Margarethe, als eine Geborene von Haugwitz aus höchstem sächsischem Altadel stammend, sympathisiert keineswegs mit Schöning. Und obwohl Johann Georg seit Jahren ihr Wohlwollen für seine Herzenswünsche braucht und genießt, bliebt dies genauso ohne Einfluss auf seine Entscheidung wie die Warnung des altehrwürdigen von Knoch. Vielmehr zeigt er sich hier bereits als Souverän in seinem Handeln.

Da der Krieg gegen die Armee des Sonnenkönigs wieder nur pausiert, ist in diesen Herbsttagen die Beschaffung der Winterquartiere einschließlich der Versorgung der sächsischen Truppen eine dringende Aufgabe. Obwohl sie für das Reich kämpfen, verweigert Kaiser Leopold nicht zum ersten Mal genau dies, was auch schon zwischen Johann Georg III. und dem kaiserlichen Hof zu Verstimmungen geführt hatte. Nun will sein Sohn das leidige Problem im Sinne seiner Soldaten geklärt wissen, bevor er ins heimatliche Sachsen aufbricht. Er verhandelt darüber mit dem fränkischen und dem schwäbischen Kreis und bietet im Gegenzug militärischen Schutz ihrer Grenzen an. Die entsprechenden Verträge werden im Oktober und November unterschrieben. Da ist der junge Kurfürst bereits nach Dresden gereist, wo er Ende September eintrifft.

In den Städten Dresden, Leipzig, Torgau und Bautzen werden die üblichen Erbhuldigungen zelebriert. Untertänig verneigt sich das Land vor Johann Georg IV. Auch die Fürsten des Reichs und fremde

Staaten schicken ihre Beauftragten zum Gratulieren und natürlich um zu erkunden, wes Geistes Kind der neue Kurfürst von Sachsen ist und wie man am besten mit ihm zurechtkommen kann. Einer der Wichtigsten ist der Kurfürst von Brandenburg. Die beiden jungen Männer – Johann Georg ist elf Jahre jünger als Friedrich – vereinbaren ein Treffen in Torgau für den Januar 1692. Dann wollen sie sich mehrere Tage Zeit nehmen, um ihre nachbarschaftlichen Beziehungen auf eine solide Basis zu stellen.

In diesem Herbst hat der junge Kurfürst jede Menge weiterer Angelegenheiten zu regeln. Er arbeitet fleißig und effektiv – heute würde man strukturiert sagen – das selbst gestellte Programm ab. Das heißt auch, dass er Prioritäten setzt. Keineswegs räumt er dabei den persönlichen Interessen Vorrang vor den »dienstlichen« Obliegenheiten ein, wie es die Art vieler Herrscher vor ihm und nach ihm ist, vielmehr steht beides in einem ausgewogenen Verhältnis.

Zunächst sind da Probleme in Angriff zu nehmen, die – wie die Quartierbeschaffung für die sächsischen Truppen – schon bei seinem Vater auf der Tagesordnung standen. Ganz aktuell ist auch wieder die Auseinandersetzung mit dem Sekundogenitur-Fürstentum von Sachsen-Merseburg um bestimmte Hoheitsrechte. Die waren seinerzeit von Johann Georg I. im Zuge der Erbteilung seinem Sohn Christian gewährt worden, der als Herzog Christian I. die sächsisch-merseburgische Nebenlinie begründete. Johann Georg III. als Inhaber der kurfürstlich-sächsischen Haus- und Hauptmacht hatte sie seinem Onkel jedoch zumindest teilweise wieder entzogen. Angesichts des bevorstehenden Todes von Christian I. lässt sich dessen Sohn und Nachfolger Christian II. von den Schriftsassen, also den Grundherren von Bitterfeld, Delitzsch und Zörbig, huldigen, was nur dem Kurfürsten, nunmehr Johann Georg IV., zusteht. Der schickt umgehend eine Unterlassungsforderung ins herzogliche Haus und setzt zur Bekräftigung Truppen in Richtung Merseburg in Marsch. Am 18. Oktober stirbt Christian I. im hohen Alter von 76 Jahren. Am 19. Oktober besetzen kursächsische Soldaten Merseburg. Noch ein paar weitere Städte kommen hinzu, bevor sich Christian II. von Sachsen-Merseburg 1692 mit einem entsprechenden Revers den Forderungen des neuen sächsischen Kurfürsten unterwirft. Er wird sich dafür anderweitig rächen.

Zunächst verfolgt Johann Georg auch noch weitere Projekte seines Vaters wie dessen umstrittenen Erbanspruch auf das kleine Herzogtum Sachsen-Lauenburg, das jedoch 1692 der neue Kurfürst Georg Wilhelm von Braunschweig-Lüneburg für sich gewinnt.

Natürlich wird zu Ehren des neuen Kurfürsten auch eine Gedenkmünze geprägt. Sie zeigt Herkules mit der Weltkugel und einer Keule. Die umlaufende Schrift lautet: »Ad utrumque vires«, was mit »Kräfte zu beidem« übersetzt werden kann. Gemeint ist wohl: »Ich kann beides«, also sowohl (mit der Keule) Krieg führen, vielleicht sogar wie Herkules die Ställe des Augias ausmisten, als auch Friedenstaten vollbringen und die Welt tragen. Es ist üblich, dass die Herrscher des Heiligen Römischen Reichs Deutscher Nation – wie die anderer Länder auch – beim Kreieren ihrer Gedenkmünzen ganz unbescheiden Anleihe bei den Helden der Antike nehmen. In Johann Georgs Münze kann man durchaus ein ernst gemeintes, selbstbewusstes und programmatisches Statement an die ihn umgebende Welt sehen.

Wie die Merseburger Verwandtschaft erfahren auch die Geheimen Räte und Höflinge in Dresden sehr bald, dass ihr neuer Kurfürst und Dienstherr keineswegs die Absicht hat, sie wie bisher gewähren zu lassen. Denn im Gegensatz zu seinen Vorgängern scheut er die Mühen des Regierens nicht. Und da er nicht nur energisch, sondern gleichermaßen »ein Herr von ungemein durchdringendem Verstand« ist, wie es der preußische Oberkonsistorialrat Büsching ausdrückt, gehen auch sie harten Zeiten entgegen. Johann Georg macht ihnen klar, dass keine wichtige Entscheidung ohne ihn zu treffen sei und dass er ihr Tun kontrollieren und sie wenn nötig zur Rechenschaft ziehen würde. Bei Büsching liest sich das so: Johann Georg habe seine Geheimen Räte »zu Paaren getrieben«, was laut Grimmschem Wörterbuch von 1889 soviel wie gebändigt bedeutet, indem er in den wichtigen Dingen ihre »Vota«, ihre Meinungen, selbst protokollierte und sie bei nächster Gelegenheit dazu examinierte. Und »wo einer etwa geschlegelt hatte«, also nicht korrekt gearbeitet oder Unsinn erzählt hatte, sie »auf eine empfindliche Weise durchzuziehen wusste«, also scharf zurechtwies, »so dass sich alle vor ihm fürchteten«.

Was sich hier abzeichnet, ist ein vollkommen neuer Regierungsstil. Im Hinblick auf das gesellschaftliche Ganze kann man ihn wohl als zeitbedingte Tendenz zum (politischen) Absolutismus erklären. In diesem Fall spielt jedoch die individuelle Ebene eine entscheidende Rolle. Denn mit Johann Georg IV. betritt ein intelligenter junger Kurfürst die Bildfläche, der nicht nur den überkommenen Verhältnissen seine Macht und seine Willensstärke entgegensetzt, sondern in sein Amt auch eine ungewöhnliche Gewissenhaftigkeit und Leidenschaft einbringt, für das, was er als richtig und notwendig erachtet. Damit erschüttert er alle, die es sich auf ausgetretenen Pfaden und in unversiegbar scheinenden Pfründen

Sibylla von Neitschütz.

bequem gemacht hatten. Somit entstehen schon mit Beginn seiner Regierungszeit handfeste Konflikte, die sich im Laufe der folgenden zweieinhalb Jahre an nahezu allen Fronten verschärfen.

Zwei Tage vor seinem 23. Geburtstag setzt Johann Georg in Dresden seine Unterschrift unter ein Dokument, das er mit seiner eleganten Schrift eigenhändig verfasst hat. Es ist sein »Eheverbündnis« mit Magdalena Sibylla von Neitschütz.

Das Eheverbündnis

Endlich genießen Johann Georg und die inzwischen sechzehnjährige Sibylla den Rausch des Glücks. Sie nimmt seine Geschenke und Liebesschwüre selig entgegen und beschenkt ihn ihrerseits mit dem ihr eigenen Liebreiz. Beide, insbesondere natürlich Johann Georg, sind keineswegs so naiv oder verblendet, die Problematik ihrer Situation nicht zu erkennen. Ihnen ist bewusst, dass er sie wegen des Standesunterschiedes nicht heiraten kann. Aber Johann Georg weiß, was er will, und er weiß auch, dass dies – zumindest für Sachsen – etwas bis dahin kaum Dagewesenes ist: Sybilla soll nicht seine heimliche Geliebte sein, auch nicht die Favoritin für eine unbestimmte Zeit, eine Mätresse, die zu gehen hat, wenn der Herrscher kein Interesse mehr an ihr hat. Es ist auch kein Eheversprechen für die Zukunft. Er will JETZT mit ihr als seiner Frau leben. Sie soll vor Gott und den Menschen einer Ehefrau gleichstellt sein. Deshalb gibt er ihr schriftlich »kund und Zu Wissen, dass ich solches Vor eine rechte Ehe halte und erkennen werde, nur jeniges eine Zugesagte Sache Von der Kirchen, dieses aber eben so viel ist.«

Immerhin ist Johann Georg als Kurfürst eines evangelischen Landes auch Summus episcopus, also Regent über das Kirchenwesen. Doch seine persönliche Entscheidung über den Segen der Kirche zu stellen, diesen quasi zur Nebensache zu machen, kommt auch bei einem Kurfürsten einer Gotteslästerung gleich.

Dagegen spricht er ganz förmlich im Hause Neitschütz vor. Nach vier Jahren heimlicher Liebe, geheimen Treffen und zahlreichen Liebesbriefen bittet er nun um den elterlichen Segen zu ihrer Verbindung, den Rudolf und Ursula Margarethe ihm nicht verwehren.

Die erste gemeinsame Nacht verbringt das Paar Ende Oktober 1691. Ursula Margarethe wird im Prozess aussagen, sie habe Sibylla selbst in Johann Georgs Gemächer begleitet und mit drei über dem gemachten Bette geschlagenen Kreuzen eingesegnet. Sie wird dafür nicht nur Unverständnis, sondern maßlose Entrüstung und Abscheu ernten. Wie kommt es, dass Eltern und Tochter so voller freudiger Zustimmung und offenbar mit sich im Reinen sind, so eindeutig und selbstbewusst handeln, obwohl Mätressenwirtschaft in Sachsen zu dieser Zeit noch nicht zum guten Ton gehört?

Auch wenn es Ehre bedeuten und Vorteile verheißen mag, wenn der Kurfürst die Tochter des Hauses begehrt und als Bittender vor der Tür steht, so ist die Erklärung für das elterliche Wohlwollen doch am ehesten in Johann Georgs Auftreten und Äußerungen, eben in seinem ganzen Verhalten zu finden. Sie glauben ihm, dass er Sibylla immer noch und jetzt erst recht liebt und sie vertrauen fest darauf, dass er sie ehrenvoll behandeln wird.

Und dann gibt es ja noch dieses Dokument von seiner Hand mit der Überschrift »Eheverbündnis«, das neben seiner Unterschrift das Datum 16. Oktober 1691 trägt und das er sehr wahrscheinlich tatsächlich an jenem Oktobertag verfasst hat, und zwar »zu besterer Beruhigung ihres Gewissens, die Weil keine formale Copulation [Eheschließung] geschehen«. In dem er Sibylla »diese meine Ehefrau« nennt, erhebt er ihre Liebe in den Rang einer ehelichen Verbindung. Vorsorglich und voller Vertrauen in ihre Liebe erkennt er die zu erwartenden Kinder an: »sollte also Gott uns in diesem Ehestand segnen; So bekenne [ich] frey vor Männiglich [jeglichem], daß solche vor meine Aechte und nicht unächte Kinder zu halten sein.«

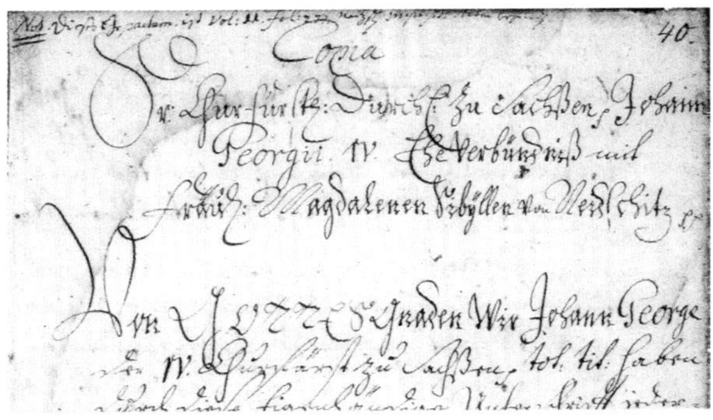

40.

Copia

Der Churfürstl. Durchl. zu Sachßen, Johann Georgii IV. Eheverbündniß mit Fräul. Magdalenen Sibyllen von Neitschitz

Von Gottes Gnaden Wir Johann George der IV. Churfürst zu Sachßen, tot. tit. haben

Kopie des Eheverbündnisses zwischen Johann Georg IV. und Magdalena Sybilla von Neitschütz.

Er definiert sodann die äußerst heikle Frage des Verhältnisses seiner mit Sibylla gezeugten Kinder zum kurfürstlichen Haus: »Um aber keine Zerrüttung und Streitigkeit in den ChurHause anzufangen, sollen diese meine rechten Kinder Kein theil an den Ländern und Churwürde haben.« Sie sollen demnach nach seinem Tod nicht in die reguläre Erbfolge eintreten. Gewissermaßen zum Ausgleich verspricht er, Sibylla und ihre Kinder vom Kaiser in den Grafenstand erheben zu lassen: »Und allein diese meine Ehefrau, Gräfin, und sie Graffin genennet Werden. Den Namen und Schild Verbinde mich bey Kayserl. Majestaet aus zu machen, kann hier also biß dato nicht herein setzen.« Auch materiell will er die Kinder mit Sibylla absichern, sowohl zu seinen Lebzeiten als auch nach seinem Tod. Sie sollen einmal erben, was er ihrer Mutter zuzuwenden beabsichtigt: »welche neben ihrer Mutter, meiner Vor Gott rechtmäßigen Frauen Erbes Auskommen bey meinem Leben Versprochen, und nach meinem Todt gesorget haben will«, und dies geschieht darum, »daß sie sich nicht allein meiner nicht zu schämen haben, sondern auch vor allen rechtmäßigen Ansprüchen meiner Successoren [seinen offiziellen Erben und Nachfolgern] befreyet seyn sollen«.

Bleibt noch zu klären, wie es zu den Successoren kommen soll. Doch auch für diesen Spagat hat Johann Georg eine Strategie gefunden: »Ferner auch will ich mir ausgenommen haben noch eine Frau zu nehmen, und zwar von gleichem Geblüthe mit mir, welche den Nahmen einer Churfürstin führen, und ihre durch Gottes Gnade von mir gezeugten Kinder die rechtmäßigen Erben dieser Chur und Lande seyn sollen.«

Damit ist klar: Sibylla ist die erste Frau, die noch nicht vorhandene hochadlige Gemahlin wird die zweite Frau sein. Für die Legitimation dieses ungewöhnlichen Arrangements nimmt der junge Kurfürst nichts Geringeres als die Bibel in Anspruch: »... indem keines Weges in der Heil. Schrift 2 Weiber zu haben Verbothen sondern Exempla anzuführen Wären ... Es unserer Kirche selbst zu gelaßen«.

Die nächsten Zeilen charakterisieren das Schriftstück als vertrauliches Dokument: »Ferner habe [ich] auch gebethen, solche Schrift niemandem zu weißen [vorzuweisen, zu zeigen]. es sey denn höchst nöthig, sondern sie unsren Kindern zu ihrem (Aufweisen?) und beßren Sicherheit zu verwahren ...« Er schließt mit den Sätzen: »Und ob wohl sie mit eben diesem meinem Versprechen ob es gleich mündlich geschehen zufrieden gestanden, so habe [ich] dennoch solches zu ihrer mehreren Versicherung noch mahls schriftl. an Eydes statt geben wollen, und ist dieses alles meine ernste Meinung, so wahr mir Gott helfe! [Unterstreichungen wie im Original] Dieses alles habe zu mehrerer Uhrkund noch mahls eigenhändig unterzeichnet, und meine … [unleserlich] Daumen … gedrückt. So geschehen zu Dreßden am 16. Okt. 1691

LS Johann Georg Churfürst«

Das Eheverbündnis wird erst nach beider Tod im Prozess gegen Ursula Margarethe aktenkundig werden. Während der hochnotpeinlichen Untersuchung, also angesichts oder unter der Folter, wird ihr die Aussage abgerungen werden, es sei in Wirklichkeit erst während Sibyllas Schwangerschaft in der ersten Hälfte des Jahres 1693 aufgesetzt und zurückdatiert worden, um Sibylla ältere Rechte auf den Kurfürsten zu dokumentieren. Diese erpresste Einräumung wird durch alle folgende Literatur hindurch – historisches Sachbuch wie romanhafte Ergüsse – bis heute unhinterfragt als Tatsache betrachtet.

In der Gewissheit ihres Eheverbündnisses leben Johann Georg und Sibylla in der Tat wie ein rechtmäßig getrautes Ehepaar. Auch Ursula Margarethe nennt Johann Georg nun »meinen Herrn Sohn«. Was diesen dreien – von Sibyllas Vater ist keine diesbezügliche Äußerung bekannt – als eine ausgemachte Sache gilt, fast schon als natürliche Selbstverständlichkeit, ist für die Zeitgenossen eine unerhörte Provokation.

Erfüllt von beflügelnder Liebe überschätzt das junge Paar die Macht und die Möglichkeiten des jungen Herrschers, »seyne Ehefrau« Sibylla vor Häme und Verunglimpfung zu bewahren. Sie unterschätzen, wie stark und tief verwurzelt die moralische Verurteilung der Frau in einem unehelichen Liebesverhältnis in ihrer Zeit ist, eine Haltung, die sogar noch weit bis ins 20. Jahrhundert hinein anhalten wird.

Verlobung und Heirat

Auch für Anna Sophie hat sich mit dem Tod ihres Gemahls die Situation schlagartig verändert. Kurze Zeit hoffen Mutter und Sohn auf Annäherung. Vernunft und Pflichterfüllung haben ihr immer viel bedeutet. Sie wünscht sich nichts sehnlicher, als ihren Erstgeborenen erfolgreich zu sehen und das Ihre dazu beizutragen. Auch Johann Georg schätzt sie im Grunde und hätte sich gern der Unterstützung der klugen und einflussreichen Kurfürstin-Witwe versichert. Aber ihr heftiger wie vergeblicher Widerstand gegen seine Liebe zu Sibylla steht seit Jahren zwischen ihnen. Immer noch und jetzt erst recht hält seine Mutter es für ihre vornehmste und wichtigste Aufgabe, den Sohn vor weiterem unüberlegtem Handeln zu bewahren. Sie appelliert immer wieder an Vernunft und Gehorsam des Sohnes. Eindringlich führt sie ihm seine Pflicht vor Augen, sich so bald wie möglich standesgemäß zu verehelichen, und sie fordert eine Entscheidung von ihm: Wird er die dänische Prinzessin Sophie Hedwig heiraten?

Welche Macht von solchen Ermahnungen ausgeht, lassen die Briefe eines anderen bekannten jungen Mannes in vergleichbarer Lage erahnen: Weil der Vater den damaligen Kronprinzen zur Heirat mit einer bestimmten bayerischen Prinzessin zwingen wollte, hatte Friedrich, der später der Große genannt werden wird, den Minister Grumbkow angefleht: »Ich bitte Sie um der Wunden Christi willen, sorgen Sie doch dafür, daß man mich nicht zu einer Person zwingt …«, um am nächsten Tag an den königlichen Vater zu schreiben: »Sie mag sein, wie sie will, so werde ich jederzeit meines allergnädigsten Vaters Befehle nachleben … und erwarte in alleruntertänigster Submission meines allergnädigsten Vaters weitere Ordre …«

Doch Johann Georg löst die Verlobung mit Sophie Hedwig im Dezember 1691. Er nimmt die tiefe Enttäuschung seiner Mutter genauso in Kauf wie die

Kurfürst Friedrich III. von Brandenburg und Kurfürst Johann Georg IV. von Sachsen.

wütende Reaktion seines Onkels, des dänischen Königs Christian V.

Derweil laufen die Verhandlungen mit dem Brandenburger Kurfürsten. Die Beziehungen der Länder sind unter anderem wegen Johann Georgs zeitweiligem Interesse für ein Bündnis mit Hannover nicht ganz ungetrübt. Die Treffen der beiden jungen Kurfürsten im Januar und Februar 1692 münden in gutem Einvernehmen und in der Gründung eines gemeinsamen »Ritterordens der guten Freundschaft oder vom güldenen Brasselett«. Zur Erinnerung an das freundschaftliche Treffen lässt Johann Georg von seinem Hofmaler Fehling ein Gemälde anfertigen, das beide Kurfürsten Hand in Hand zeigt.

Nach der dänischen Entlobung hält auch die Kurfürstin-Witwe eine eheliche Verbindung ihres Sohnes mit dem Hause Brandenburg für eine sinnvolle Alternative. Aus politisch-strategischen Erwägungen plädiert Premierminister Schöning ebenfalls für eine sächsisch-brandenburgische Heirat. Anna Sophie hofft außerdem inständig, dass dadurch das unziemliche Verhältnis ihres Sohnes zu dem Fräulein von Neitschütz ein Ende findet. Dieselbe solle unter Aussetzung eines Gnadengehalts von 4.000 Talern jährlich vom Hofe entfernt werden, so ihr Vorschlag.

In Berlin treffen die – möglicherweise von Spener taktvoll übermittelten – sächsischen Erwägungen auf fruchtbaren Boden. Als Ehekandidatin fällt Friedrich III. sofort die Witwe des Markgrafen Johann Friedrich von Brandenburg-Ansbach ein, die sich mangels besserer Möglichkeiten öfter mit ihren Kindern am Berliner Hof aufhält. Es wäre ihm ganz recht, sie anderweitig unterzubringen. Sie ist knapp dreißig, sieht nach Meinung einiger Autoren recht gut aus (Schreiber schildert sie dagegen als »matronenhafte Erscheinung ohne jeden Reiz«) und ist außerdem als geborene Prinzessin von Sachsen-Eisenach eine Wettinerin aus der Ernestinischen Linie.

Während all dies und noch mehr um ihn herum geschieht, geht es Johann Georg schlecht. Er ist verzweifelt, fühlt sich hintergangen, gedemütigt und seines größten Schatzes beraubt. Im Oktober hatte er Sibylla das Höchste gegeben, was ihm möglich war: sein Versprechen, sie als seine rechtmäßige Ehefrau zu lieben. Und so hatte er sich verhalten. Sie war seitdem offiziell und für jeden sichtbar an seiner Seite. Sie waren glücklich miteinander.

Doch zum Jahresende hin mehren sich die Andeutungen aus dem Umfeld, dass sie ihm untreu sei. Namen und Indizien werden vorgebracht, Intrigen und Halbwahrheiten entfalten ihre Wirkung. Mindestens das frühere Verhältnis zu dem bürgerlichen Oberkriegskommissar Klemm führe sie weiter, wird ihm versichert. Im Januar, mitten in anstrengenden Verhandlungen, ist er mit Sibylla in Moritzburg, als mit einer neuen, seriös erscheinenden Nachricht der Moment kommt, in dem Johann Georgs Vertrauen zusammenbricht. Also hatte Friedrich doch recht, als er, ein Billet von ihr schwenkend, gerufen hatte: »Siehst Du, Herr Bruder, sie ist doch eine Hure!« In Moritzburg, berichtet Klotzsch, schlägt Johann Georg sie öffentlich ins Gesicht. Er schreit sie an, sie sei eine Canaille, die es mit allen Kerlen zuhielte, und das tote Kind vom Taschenberg sei bestimmt ihres gewesen.

Zurück in Dresden vernichtet er die Briefe, die sie ihm in den Jahren seit 1687 geschrieben hat. Über den Oberkammerherrn Pflugk, der in Berlin den geplanten Beistandsvertrag aushandelt, lässt er Kurfürst Friedrich III. ausrichten, dass er nunmehr gleich und sofort mit ihm über die Heirat mit Eleonore Erdmuthe Luise verhandeln wolle. Dass er da-

Eleonore Erdmuthe Luise geb. von Sachsen-Eisenach.

für nicht mal das übliche Trauerjahr für seinen verstorbenen Vater abwartet, zeigt, wie sehr er seelisch unter Druck steht. Was emotional eine Flucht nach vorn ist, vielleicht ein trotziges »Ich kann auch ohne dich!«, entspricht rational der Vernunft: Wenn er schon eine standesgemäße Gemahlin heiraten muss, so kann er dies auch gleich in Angriff nehmen, damit seine Mutter besänftigen und über der ganzen Eheanbahnung den Schmerz über Sibyllas Verrat vielleicht leichter ertragen.

Vom 1. bis 23. Februar 1692 weilt Johann Georg in Begleitung seines Bruders dann selbst in Berlin. Am 5. Februar unterschreibt er den Beistandsvertrag mit Brandenburg und verlobt sich mit Eleonore Erdmuthe Luise. Beides wird am Brandenburger Hof standesgemäß gefeiert.

Sibyllas Mutter wird im Prozess das Verhältnis zu Klemm ebenso einräumen wie die Rückdatierung des Eheverbündnisses. Johann Georg dagegen bereut bald nach seiner brandenburgischen Verlobung, dass er seiner Liebsten misstraut und sie öffentlich gedemütigt hat. Ebenso heftig, wie er sich von ihr losgerissen hat, kehrt in ihre Arme zurück. Er leistet Abbitte, beschenkt sie fürstlich und sucht ihre Gegenwart, wo und wann immer es möglich ist.

Derweil ist die Hochzeit mit Eleonore Erdmuthe Luise beschlossene Sache. Am französischen Hof zeigt sich Lieselotte von der Pfalz erneut als gut informierte Kommentatorin des Geschehens an den europäischen Fürstenhöfen. Es sei ihr sehr gewagt vorgekommen, dass die brandenburgische Prinzessin »den Churfürsten hatt nehmen wollen mitt der großen passion, so er vor das freülein Neitischt hat«.

Auch Sibylla beunruhigt die bevorstehende Eheschließung ihres Geliebten. Womöglich befürchtet sie, dass Johann Georg doch ein klein wenig Gefallen an seiner zweiten, aber eben offiziell anerkannten und außerdem hochadeligen Ehefrau haben könnte. Und sie leidet unter den Schmähungen, denen sie seit Monaten ausgesetzt ist. Umso mehr erfleht sie Gottes Segen für ihre Liebe. Sie hat von Stücken aus ihrem und seinem Hemd ein Amulett gefertigt und in eine Schachtel eingesiegelt. Am Karfreitag des Jahres 1692, rund zwei Wochen vor seiner Heirat, geht sie in die Bartholomäuskirche. In einem unbeachteten Augenblick, wie sie meint, bevor die

Passion gesungen wird, legt sie es auf den Altar, um den Segen darüber sprechen zu lassen. So sagen es die Prozessakten.

Johann Georg findet in dieser angespannten Situation für sich wiederum eine klare Strategie: Er ordnet an, dass die Hochzeitszeremonie ohne die sonst typische fröhliche Prachtentfaltung ablaufen soll. Entgegen der Tradition soll auch keine Medaille auf das Ereignis geprägt werden. Am 15. April 1692 reist er nach Leipzig, wo nach der Ostermesse die Trauung erfolgen soll und – er nimmt Sibylla mit sich. Das Hofjournal vermerkt ihre Anwesenheit an der Seite des Kurfürsten unter der Bezeichnung »das Frauenzimmer«. Vielleicht verläuft die Begegnung der Brautleute wirklich so oder so ähnlich, wie sie der aus Brandenburg stammende Abenteurer und Schriftsteller Freiherr Carl Ludwig von Pöllnitz in einem um 1730 erschienenen Reisebericht schildert: »Als ihm die Braut präsentiert wurde, rief er ihr entgegen: ›Sie müssen toll sein, daß Sie in den Hundstagen ein Samtkleid tragen‹, kehrte ihr den Rücken und setzte sein Gespräch mit der Neitschütz fort.« Nur das beschwichtigende Eingreifen des Kurfürsten von Brandenburg verhindert einen noch größeren Eklat. So wird die Trauung, wie im Hofjournal festgehalten, am Abend des 17. April 1692 nach »erfreulicher Begegnung in der Pleißenburg zu Leipzig« doch noch vollzogen. Allerdings so still und heimlich, dass die meisten Bürger der Stadt Leipzig und des Landes nichts davon mitbekommen.

Bei den darauffolgenden Hochzeitsfeierlichkeiten auf Schloss Hartenfels in Torgau sind auch Sibylla und ihre Mutter zugegen. Entsprechend unterkühlt und gespannt ist die Atmosphäre, messen doch die Teilnehmenden und die Beobachter dem Charakter der Feier jeweils ganz unterschiedliche Bedeutung bei. Für Johann Georg und Sibylla ist dies nur die – notwendige und angekündigte – Etablierung der Zweitfrau. Darauf beruht die gelassene Selbstverständlichkeit, mit der Sibylla und ihre Mutter an der Feier teilnehmen. Alle anderen sehen in der Anwesenheit der Geliebten des Bräutigams und ihrer Kupplerin-Mutter eine unerhörte Brüskierung der Braut und der ganzen Hochzeitsgesellschaft. Ihre Empörung darüber, wie der neue Landesherr seine hochadlige Eheschließung absichtsvoll zur Farce herabwürdigt, wird zwar in seiner Gegenwart unterdrückt, wirkt aber unvermindert weiter und wächst mit den zahlreichen weiteren Vorkommnissen dieser Art ins schier Unermessliche.

Auch die Kurfürstin-Witwe reagiert entrüstet und bemitleidet ihre Schwiegertochter von ganzem Herzen. Aus Protest verlässt sie bald darauf die Residenz und zieht sich auf ihren Witwensitz, das Schloss Lichtenburg bei Torgau, zurück. Man kann sich vorstellen, dass Johann Georg sich für sein Ehebündnis zu dritt wünscht, es möge mit dem allgemein anerkannten Recht und Gesetz in Einklang stehen und von den Menschen akzeptiert werden. Vor allem Sibyllas wegen. Aber auch für ihn wäre dann manches leichter. Deshalb ist es durchaus möglich, dass er selbst mindestens einmal ein Rechtsgutachten zu diesem Thema in Auftrag gegeben hat. Ein solches ist zumindest aus dem Jahr 1692 bekannt. Als sein Verfasser gilt der Ordinarius der juristischen Fakultät der Universität Wittenberg, Dr. Samuel Stryck. Das Gutachten vermeidet jedoch letztlich eine eindeutige Stellungnahme. Dass Stryck noch im gleichen Jahr ebenfalls an die neue Universität in Halle geht, kann durchaus mit der Reaktion des enttäuschten Kurfürsten zusammenhängen.

Das brisante Rechtsgutachten ist offenbar auch dem Verfasser eines Dreipersonenstücks bekannt, das kurz darauf in Dresden die Runde macht. Das dem Stil der Zeit entsprechend schwülstige Werk trägt den Titel »Prinz Herzmuten, Fräulein Theonilden und Patientia Victrix«. Unverkennbar sind damit Johann Georg und seine zwei Frauen gemeint. Die handelnden Personen beschreiben in Briefform ihre brisante Lage, ihre Gefühle und geheimen Wünsche – also genau das, was die Menschen in Dresden und weit darüber hinaus gerade hochgradig beschäftigt – und das teilweise in für damals ungewöhnlich offener, erotisch-schlüpfriger Art. Kein Wunder, dass das mit dem Kunstnamen »L. Icimander« gezeichnete Werk zum Top-Ereignis wird und lange in aller Munde ist.

Bis heute ist offen, wer sich dahinter verbirgt. Da nach langem Hin und Her letztlich die Tendenz zur moralischen Verurteilung von Theonilden, der Geliebten des Prinzen, die Oberhand gewinnt, kommen am ehesten Bruder Friedrich oder die brüskierte neue Kurfürstin als Auftraggeber oder zumindest als wohlwollende Förderer infrage. Ausführender könnte der sprachgewandte Ehrenfried von Lüttichau gewesen sein, der spinnefeind mit denen von Haugwitz und Neitschütz und ein Zechkumpan Friedrichs war.

Johann Georg ist seit etwa einem halben Jahr Kurfürst und seit fünf Wochen offiziell verheiratet, als er sich mit einem eigenhändig verfassten Dokument zur Erfüllung einer weiteren familiären Verpflichtung bekennt, diesmal gegenüber seinem Bruder. Gegenstand sind die Regelungen im Testament des kurfürstlichen Vaters vom 19. Juni 1690. Darin hatte Johann Georg III. seinen älteren Sohn gemäß der Primogenitur zu seinem Nachfolger bestimmt. Der jüngere Sohn, der sich nun Herzog nennen darf, hat Anspruch auf eine jährliche Apanage von 50.000 Talern, auf freie Wohnung in der Residenzstadt und auf einen zweiten Wohnsitz in einem der Schlösser der Umgebung.

Das Testament enthält außerdem die Mahnung an beide, dass zwischen ihnen stets Harmonie, Eintracht und Liebe herrschen möge. Unter dem Datum vom 22. Mai 1692 verpflichtet sich Johann Georg nun, den väterlichen Willen nach Geist und Buchstaben getreu zu erfüllen. Nachdem beide Brüder das Dokument unterschrieben und mit dem Blut ihrer Daumen besiegelt haben, händigt er es Friedrich aus.

Lehrstücke in Politik

Zu den wichtigsten Besuchern des jungen Kurfürsten gehört im Januar 1692 der Sondergesandte Kaiser Leopolds I., Graf von Clary. Johann Georg und sein Premier Schöning beklagen ihm gegenüber ausstehende Hilfsgelder für das sächsische Heer, Subsidien genannt, sowie die mangelnde kaiserliche Unterstützung für die sächsischen Ansprüche auf Sachsen-Lauenburg. Dem Beauftragten des Kaisers wiederum liegt viel daran, dass Kursachsen weiter an der Seite des Habsburgers gegen die französischen Invasoren kämpft. In die schwierigen Verhandlungen schaltet sich sogar Kurfürst Friedrich von Brandenburg ein, zu dem beide Kontrahenten im Februar nach Berlin reisen. Als sich nach langem Hin und Her keine greifbaren Ergebnisse abzeichnen, legt Johann Georg im Mai 1692 die Verhandlungen vorerst auf Eis.

Etwa zur gleichen Zeit wird er in eine politische Aktion verwickelt, die ihn viel Lehrgeld kosten wird: Aus Hannover reist Otto Grote Freiherr zu Schauen an, der Beauftragte des Herzogs Ernst August von Hannover. Der erfahrene Politiker und Diplomat hat ein ziemlich intrigantes Spiel ersonnen, um seinem Herzog die neunte Kurwürde des Reiches zu verschaffen und sich selbst eine erstrebenswerte Belohnung. In diesem Spiel hat Grote dem jungen Johann Georg, der gerade seine ersten selbstständigen Schritte auf dem glatten Parkett der großen europäischen Politik unternimmt, die Rolle des Bauernopfers zugedacht. Er lockt den jungen Kurfürsten mittels seiner Idee einer »Dritten Kraft« in einen

Geheimvertrag mit dem Herzogtum Hannover. Von dessen Existenz sind zwar nicht alle Autoren überzeugt, weil das Original bisher nicht aufgefunden wurde, man kann jedoch davon ausgehen, dass beide Parteien vereinbaren, im Krieg zwischen Frankreich und dem Reich künftig neutral zu bleiben und ihre Truppen zurückzuziehen. Außerdem stellt der Vertrag Johann Georg für den Fall seiner Bewerbung um den polnischen Wahl-Königsthron, der bald vakant werden wird, die Unterstützung Ernst Augusts in Aussicht. Johann Georg beordert daraufhin im Frühjahr 1692 seine Truppen – bis auf ein Pflichtkontingent von 2.000 Mann – aus den Winterquartieren zurück nach Sachsen. Grote seinerseits reist mit dem Vertrag in der Hand nach Wien, um Johann Georg beim Kaiserhof anzuschwärzen. Er verspricht, Hannover werde sofort wieder aus diesem Geheimvertrag aussteigen, wenn Leopold I. seinem Herrn die ersehnte Kurwürde verleiht. Da der Kaiser dies im Dezember 1692 tut, bleibt Johann Georg nichts weiter übrig, als dem nunmehrigen Kurfürsten von »Kur-Hannover« zur Rangerhöhung zu gratulieren. Der schlaue Fuchs Grote stirbt bald darauf während der Verhandlungen um Sachsen-Lauenburg.

Den unbefriedigenden Verhandlungen mit Graf Clary im Januar folgt im Juni 1692 die nächste Kontroverse mit dem Kaiser. Dieser hat den General und obersten sächsischen Minister Schöning kurzerhand verhaften lassen, als dieser sich im böhmischen Kurbad Teplitz – mithin in Habsburger Landen – aufhielt. Denn der Kaiserhof sieht in Schöning den Drahtzieher der momentanen frankreichtreuen Politik Sachsens. Johann Georg ist verärgert über den unverfrorenen Streich gegen seinen Minister und Vertrauten und setzt sich auf diplomatischem Wege sowie auf dem Reichstag zu Regensburg vehement für dessen Freilassung ein, allerdings vergeblich.

Bei vielen sächsischen Adeligen, die Schönings Verhalten als arrogant und anmaßend empfinden, dürfte seine Arretierung Genugtuung ausgelöst haben. Der eine oder andere mag durch seine Kontakte zum Kaiserhof sogar seine Freilassung hintertrieben haben. Er wird erst zwei Jahre später wieder freikommen, nachdem seine Tochter dem Vernehmen nach 30.000 Taler Bestechungsgeld an einen kaiserlichen Minister gezahlt hat.

Hauptfrau, Zweitfrau, Zaubermittel

Für die Zeitgenossen ist Johann Georgs persönliches Verhalten in höchstem Grade unverständlich und inakzeptabel. Man weiß zwar, dass hochadelige Ehen (und nicht nur die) im Allgemeinen nur nach politisch-dynastischen oder sonstigen Nützlichkeitserwägungen geschlossen werden, und nicht nach Sympathie, doch dieser Fall ist besonders krass. Der Kurfürst bemüht sich ja nicht einmal zum Schein um angemessene Höflichkeit gegenüber seiner kurfürstlichen Gemahlin. Er macht aus seinem Widerwillen auch kein Geheimnis. Sein Kammerdiener Rousseau (in manchen Quellen Johann Rose) wird später im Prozess aussagen, der Kurfürst habe wiederholt geklagt, er schwitze Angstschweiß, es werde ihm zum Erbrechen übel und es komme ihm immer so vor, als wenn man ihn bei den Haaren herausziehen wolle.

Dennoch wird Eleonore Erdmuthe Luise mindestens einmal schwanger. Am 26. Juli 1692 verzeichnet das Hoftagebuch den Abort der neuen Kurfürstin.

Leben will Johann Georg jedoch nur mit Sibylla. Und jedermann soll gleich erkennen, in welchen Rang seine Liebe sie erhebt. In seinem Auftrag handelt der Oberhofjägermeister von Erdmannsdorff Anfang Mai 1692 mit dem Kammer- und Bergrat von Schönberg einen Tausch aus: Dieser erhält das kurz zuvor vom Kurfürsten erworbene sogenannte Schleinizsche Haus auf der Brüdergasse und dazu noch zehntausend Gulden. Dafür geht Schönbergs zweigeschossiges, mit einem großen Saal ausgestattetes Haus am Schlossplatz nahe dem Dresdner

Elbtor, das eher die Bezeichnung Palais verdient, in Johann Georgs Besitz über. Vor einhundert Jahren hatte es der Künstler und Hofarchitekt Christians I., Giovanni Maria Nosseni, gebaut, der gleiche, der auch den Altar der Sophienkirche schuf. Johann Georg veranlasst einige bauliche Veränderungen an dem repräsentativen Gebäude und schenkt es Sibylla. Es ist – so praktisch wie symbolträchtig – durch einen Abzweig des überdachten hölzernen Gangs, der Schwarzer Gang genannt wird und damals noch um die ganze Festung läuft, quer über die Gasse mit dem Schloss verbunden.

Zu Sibyllas neuem Lebensstil gehört auch eine eigene Hofhaltung mit bis zu 50 Bediensteten unter der Oberaufsicht der Hofmeisterin Elisabeth Charlotte von Arnim, einer entfernten Verwandten von ihr. Agnes Dorothea von Kuhlau aus Braunsdorf ist ihr Gesellschaftsfräulein. Sibylla erhält eine Leibrente aus der kurfürstlichen Kasse. Die Hofämter werden angewiesen, ihr alles zu liefern, was sie verlangt. Johann Georg schenkt ihr die Kammergüter Gorbitz und Pennrich, wo einst seine Urgroßmutter Magdalena Sibylla wirtschaftete, und zwei Weinberge in Cossebaude. Auf einem Mühlengrundstück an der Weißeritz am Eingang des Plauenschen Grundes lässt Johann Georg ein Wasserpalais errichten und den Garten künstlerisch gestalten, einschließlich eines Gewächshauses mit Granatäpfel-, Feigen- und Zitronenbäumchen. Schlösschen und Garten wird übrigens nach dem Tod des Liebespaares Haxthausen erwerben. Beides wird man später unter dem Namen Reisewitzscher Garten kennen, dessen bekannteste Bewohnerin die Gräfin von Kielmannsegg wird.

Dies alles sind Zuwendungen, die der Liebe eines Kurfürsten würdig sind. Ihr finanzieller Wert wird allerdings gern stark übertrieben, um die Sibylla und ihrer Familie zugeschriebene Habgier und ihre Macht über Johann Georg herauszustellen. Dabei nehmen sie sich geradezu bescheiden aus im Vergleich zu den Summen und Werten, die Friedrich August kurze Zeit später an seine Mätressen verschenken wird.

Der Reisewitzsche Garten mit dem Wasserschlösschen um 1830.

Doch zunächst prasseln auf Sibylla Verachtung und Verunglimpfung nieder. »Eine Hure sei sie und eine Hexe dazu, die den Kurfürsten mit Liebeszaubereien an sich fessele und ihn dadurch in einen fortgesetzten Ehebruch bringe.«

In der Tat versuchen in dieser von Aberglauben durchdrungenen Zeit beide Ehefrauen des Kurfürsten, dessen Gefühle mit Zaubermitteln zu beeinflussen. Kräuterkissen und andere Talismane, die von den Damen und Herren der Hofgesellschaft

Hexe, den Schädel des Malers durch die Lüfte tragend; Nikolaus Manuel, genannt Deutsch (1484–1530).

wohl ohne Ausnahme am Körper getragen werden, mochten den Kontrahentinnen in diesem Fall zu schwach erscheinen, denn beide Seiten greifen zu stärkeren Mitteln. Sowohl die Kurfürstin als auch Sibylla und vor allem ihre Mutter wenden sich an allerlei Leute, die im Rufe stehen, geheime Künste zu beherrschen, also Hexen, Traumdeuterinnen, Bader und Quacksalber, Apotheker sowie Scharfrichter. Im Falle Ursula Margarethes ist dies namentlich die sogenannte Hexe Margarethe aus dem Spreewald, dieser geheimnisvollen und schwer zugänglichen Gegend im Sorbenland.

Auch Eleonore Erdmuthe Luise bekommt brieflich von Mutter und Schwester konkrete Tipps zur Verbesserung ihrer misslichen Lage nebst moralischer Unterstützung. Für die praktische Ausführung ist sie auf ihren Kammerdiener Johann Thomas Koch angewiesen. Offenbar landet ihr Begehren, die Liebe ihres Gemahls zu Sibylla zu zerstören, über Mittelspersonen bei dem gleichen Mann, dem die Neitschützschen Frauen den gegenteiligen Auftrag erteilten: beim Scharfrichter Johann Melchior Vogel aus Greiz. Durch Bestechung von Bediensteten der jeweiligen Gegenseite werden Kräuter, Pulver, unappetitliche Tinkturen, Talismane, Schwarze Pfennige und Flaschengeister – natürlich in dunklem Glas verschlossen – an den von den Zauberkundigen empfohlenen Stellen deponiert, geräuchert, verschmiert, versprüht oder Getränken zugesetzt.

Neben dem sichtlich erfolglosen Vogel wird im Auftrag der Kurfürstin noch ein Quacksalber aus Erfurt namens Wolf Francke engagiert, der sich angeblich auch auf Teufelsbeschwörung versteht. Dieser habe sodann bei der Geliebten ihres Gemahls drei Teufel ausgemacht, wird berichtet. Der schlimmste sei in ihrem Mieder versteckt und lasse sich aufziehen wie ein Uhrwerk.

Sibylla soll Gräfin werden und andere Projekte

In diesem Jahr 1692 bringt Johann Georg ein weiteres Vorhaben zum Abschluss, das schon unter seinem Vater begonnen worden war. Der »Sächsische Mars« hatte bereits vor zehn Jahren den Ständen die Bewilligung der Kosten für ein stehendes Heer abgerungen und Ende der 1680er Jahre in der »neuen Stadt bey Dresden« den Aufbau einer der ersten Kadettenschulen im deutschsprachigen Raum in die Wege geleitet. Nun beginnen in der sogenannten Ritterakademie die ersten Offiziersschüler ihre Ausbildung.

Im gleichen Jahr beruft Johann Georg den Gelehrten und Forscher Ehrenfried Walther von Tschirnhaus zum Leiter der kurfürstlichen Laboratorien. Dessen Erkenntnisse fließen in die umfänglichen Versuche ein, die fünfzehn Jahre später durch Johann Friedrich Böttger zur Erfindung des europäischen Porzellans führen, was Kursachsen zu erheblichem Ansehen, Geld und Macht verhilft.

Und noch einen berühmten Namen verzeichnet der Rat zu Dresden in diesem Jahr unter den Zugezogenen: den Emaillemaler und Goldschmied Johann Melchior Dinglinger, geboren 1664 im schwäbischen Biberach. Friedrich August hatte ihn auf einer seiner Reisen getroffen und seinem Bruder davon berichtet. Ein »Gallanterie büchsgen Von gold und stahl«, das Friedrich – vielleicht für seine Braut – bei ihm fertigen ließ, überzeugt auch seinen Bruder. 1693 wird Dinglinger in Dresden als Meister seines Fachs anerkannt. Fünf Jahre später wird er Hofjuwelier

Augusts des Starken und seine Werke erlangen bleibende Weltgeltung.

Seit seinen Kindertagen ist Johann Georg seinem geschätzten Lehrer Christoph Bernhardi verbunden, der seit Johann Georgs zwölftem Lebensjahr das Amt des Hofkapellmeisters bekleidet. Johann Georg gewährt dem alten und kranken Bernhardi weiter seine Bezüge. Als dieser im November 1692 stirbt, schreibt ein anderer seiner ehemaligen Schüler die Beerdigungsmusik: der zweite Hoforganist Johann Christoph Schmidt. Auch von diesem ist Johann Georg so angetan, dass er den vier Jahre älteren Musiker mit einer Komposition für Sibylla beauftragt und ihn zu einer zweijährigen Studienreise nach Italien entsendet.

Vermutlich hat Johann Georg, der gern reitet, auf seiner Kavalierstour die Parforcejagd zu Pferde kennengelernt. Nun lässt er im »Alten Thiergarten Moritzburg« die erste dieser Art in Sachsen vorbereiten. Im kommenden Jahr wird auf seinen Befehl das Gelände mit starken Bruchsteinmauern umgeben, die dem Wildgehege bis heute seine Struktur geben. Sein Bruder ist von diesem aus heutiger Sicht fragwürdigen Jagdvergnügen so angetan, dass er es bald in noch weit prachtvollerer Ausgestaltung fortführen wird.

Im Juli 1692 erleidet Johann Georg zu Pferde einen Unfall. Der Überlieferung nach ist er auf dem Schlosshof zu Pferde einem der damals in der Residenz lebenden türkischen Jungen nachgejagt, weil der sich ungebührlich betragen hat. Als dabei der obere Teil eines Tores plötzlich zufällt, wird Johann Georg vom Pferd geschleudert. Beim Sturz zieht er sich offenbar eine schwere Gehirnerschütterung zu. Seitdem leidet er oft unter Kopfschmerzen und Schwindelanfällen. Die Zeitgenossen bringen sein für sie so befremdliches Verhalten mit diesem Unfall in Verbindung: Er ist eben nicht mehr richtig im Kopf.

Kopfzerbrechen bereitet Johann Georg in der Tat das immer noch und wieder einmal gespannte Verhältnis zur kaiserlich-habsburgischen Monarchie. Aktuelle Gründe sind die Bemühungen Sachsens um eine engere politische Anbindung an Frankreich und die Geheimverhandlungen mit Hannover, in deren Folge Johann Georg seine Truppen aus dem Frankreichfeldzug zurückbeordert. In beidem sieht der Kaiser einen Verrat an den Interessen des Reichs. Und für beides macht er vor allem Schöning verantwortlich, der seit seiner Verhaftung in Teplitz auf der Festung Spielberg bei Brünn einsitzt. Die Haftentlassung Schönings zu betreiben, ist also der Auftrag, mit dem der sächsische Hofrat Wolf Dietrich Beichling Ende des Jahres 1692 nach Wien reist.

Johann Georg darf die Konfrontation aber auch nicht zu weit treiben, denn nur der Kaiser kann gewähren, was ihm mindestens so sehr am Herzen liegt wie das Gefühl der Verantwortung gegenüber Schöning: Sibylla in den Grafenstand erheben, so, wie er es im Eheverbündnis versprochen hat. So ist Beichling, der mittlerweile mit Sibyllas Schwester Anna Catharina verheiratet ist, in doppelter diplomatischer Mission am Kaiserhof zugange.

Im Handel mit dem Kaiser setzt Johann Georg die Mittel ein, die ihm als Landesherrn eines seinerzeit bedeutenden deutschen Landes zu Gebote stehen: Er bietet für den neuerlichen Feldzug gegen Frankreichs Sonnenkönig 12.000 sächsische Soldaten unter dem Kommando des Generals von Chauvet, dazu 40.000 Taler und das Versprechen, zu einer kaisertreuen Politik zurückzukehren. Es sind wahrlich keine kleinen Beträge, die in diesem Bündnisvertrag festgeschrieben werden und die nurmehr durch 400.000 Taler Subsidien für den Unterhalt der sächsischen Truppen gemildert werden.

Der für eine Grafung geforderte Nachweis von sechzehn adeligen Vorfahren spielt da nur eine untergeordnete Rolle. Sibylla kann die offenbar vorweisen, anderenfalls wäre dies nicht die erste Fälschung einer Ahnentafel gewesen.

Seit dem Spätherbst des Jahres 1692 weiß Sybilla, dass sie schwanger ist. Mit großen Hoffnungen und Erwartungen beginnt das neue Jahr 1693.

Magdalene Sibylle v. Neidschütz, Gräfin von Rochlitz.

Ein ereignisreiches Jahr

Als Kurfürst und Oberhaupt der sächsischen Wettiner ist Johann Georg auch zuständig für die Verhandlungen mit dem markgräflichen Haus Brandenburg-Bayreuth über die bevorstehende Eheschließung seines Bruders mit der Prinzessin Christiane Eberhardine. Am 10. Januar 1693 unterschreibt er den für die Braut sehr großzügig ausfallenden Ehevertrag und verbürgt sich mit seinem Ehrenwort für dessen Einhaltung. Friedrich ist da schon auf dem Weg nach Bayreuth. Johann Georg wird den mehrtägigen Feierlichkeiten nicht beiwohnen, so wie auch Friedrich vor neun Monaten bei der Eheschließung Johann Georgs nicht anwesend war. Aber er lässt für die Ankunft des jungen Ehepaares am 17. Februar in Dresden einen prächtigen Empfang und eine weitere Hochzeitsfeier vorbereiten. Zu Anfang zeigt sich Friedrich begeistert von der gut aussehenden Eberhardine, aber schon nach Weihnachten wird er ohne sie für zwei Monate nach Italien reisen.

Grund für Johann Georgs Fernbleiben bei Friedrichs Hochzeit sind Terminüberschneidungen. Am 21. Januar soll der junge Kurfürst in Dresden in die Gemeinschaft der Ritter des englischen Hosenbandordens aufgenommen werden. Das englische Königshaus würdigt damit vor allem die Verdienste des sächsischen Verbündeten im Kampf gegen Frankreich. Diese bedeutendste Auszeichnung in Europa war vor 15 Jahren bereits seinem Großvater Johann Georg II. zuteilgeworden. Nun wird sie von Wilhelm III. von Oranien und Maria II. verliehen, dem seit seiner Doppelkrönung im Jahr 1689 herrschenden Königspaar. Der Überbringer des Ordens ist wie damals William Swan. Zum würdigen Empfang des englischen Gesandten hat Johann Georg

ein neues repräsentatives Treppenhaus im Schloss errichten lassen, das deshalb später Englische Treppe genannt wird.

Das Ordensband des Hosenbandordens, wird – wie der Name andeutet – unter dem linken Knie getragen. Zum Orden, der in England nach seinem Schutzpatron auch Orden des Heiligen Georg heißt, gehört ein Schulterband, an dem üblicherweise als Kleinod ein Bildnis des Schutzheiligen angebracht ist. Johann Georg beauftragt den noch unbekannten Goldschmied Dinglinger, das Ordenszeichen für ihn zu gestalten. Beide junge Männer sind nicht nur vielseitig gebildet und interessiert, sondern auch auf der Suche nach neuen, unkonventionellen Ausdrucksmöglichkeiten. Was Dinglinger dann schafft, ist nicht der übliche Schmuckanhänger zum Orden, sondern ein eigenständiges Kunstwerk: Seine kleine freistehende Plastik aus Goldemaille stellt den dramatischen Drachenkampf in zeitgemäßer Form als fürstliche Turnierübung dar. Dinglingers erstes Dresdner Meisterwerk ist im Historischen Grünen Gewölbe zu besichtigen.

Ob bei der hochfeierlichen Zeremonie Eleonore Erdmuthe Luise protokollgemäß schräg links hinter ihm sitzt, oder an ihrer Stelle sogar Sibylla, was die Kurfürstin in äußerste Rage gebracht haben soll, wird in den Quellen unterschiedlich berichtet. So oder so gibt es am Dresdner Hof genügend Grund für Ärger und Empörung.

Auf den 4. Februar 1693, vier Tage vor ihrem achtzehnten Geburtstag, ist der mehrseitige Grafenbrief ausgestellt, mit dem Kaiser Leopold I. in Wien die schwangere Sibylla zur »Hoch und Wohlgebohrnen« Reichsgräfin zu Rochlitz erhebt. Im Herzschild des für sie neu erschaffenen Wappens prangt das sächsische Landeswappen mit der Rautenkrone,

Verleihung des Hosenbandordens an Kurfürst Johann Georg IV. im Dresdner Schloss (Ausschnitt).

ein unübersehbarer Hinweis auf die enge Verbindung der neuen Gräfin zum kurfürstlichen Haus. Zu ihrem Geburtstag überrascht Johann Georg die Geliebte mit einem Bukett aus Diamanten.

Sibylla kann man sich in diesen Tagen nicht anders als stolz und glücklich vorstellen. Sie ist keine heilige Elisabeth, die in einfachstem Gewande ihr Hab und Gut mit den Armen teilt, sie ist das Kind einer dünkelhaften altsächsischen Adelskaste. Und sie sieht mit Freude und Erleichterung, dass Johann Georg hält, was er ihr mit dem Eheverbündnis versprochen hat.

Voller Empörung wirft man ihr »eitle, eigennützige Hoffahrt« vor, »die sich mit den schimmernden Vorteilen der hohen Stellung des Geliebten schmeichelt«. Im puritanischen Sachsen sind solch schimmernde Vorteile noch wenig bekannt, denn das Mätressenwesen wird hier erst unter Kurfürst Friedrich August üblich. An anderen europäischen Höfen, namentlich dem französischen und dem englischen, ist es das bereits. An wieder anderen weiß man es zumindest als Instrument im Kampf um politische und wirtschaftliche Interessen zu schätzen. Gottfried Wilhelm Leibnitz, der Universalgelehrte und gut informierte Diplomat am Hof zu Hannover, notiert bereits 1678, der brandenburgische Kurfürst Friedrich Wilhelm habe über Mittelsmänner der Madame de Montespan 200.000 Taler anbieten lassen, damit diese Ludwig XIV. überreden möge, Brandenburgs Ansprüche auf Vorpommern gegenüber Schwedens zu unterstützen, Madame habe darüber jedoch nur gelacht.

Nun bekommt, in bescheidenerem Ausmaß, auch Sibylla Aufwartungen von Leuten, die sich ihre Fürsprache bei Johann Georg sichern wollen. Dabei geht es um Privilegien, die der Kurfürst gewähren, vielleicht auch um Begnadigungen, die nur er aussprechen kann. Diesbezügliche Anträge nimmt Sibyllas Sekretär Engelschall entgegen, der dafür nach dem Tod des Paares schwer büßen muss. Gut möglich, dass Sibylla und ihre Mutter versuchen, den Kurfürsten im Sinne der Bittsteller zu beeinflussen und sicher nehmen sie die ihnen dafür gebotenen Gelder und Geschenke an. Allzu erfolgreich dürften sie allerdings nicht gewesen sein, denn Johann Georg ist nicht so leicht zu beeinflussen, wie man unter anderem am Beispiel des ungeliebten Schöning sehen konnte. Dafür ist er einfach zu gewissenhaft und zu souverän, was von manchen Autoren als Sturheit und Unbelehrbarkeit interpretiert wird. Insofern werden sich die Versuche der Neitschützschen Damen in Grenzen gehalten haben.

In diesem Februar weilt Johann Georg, der Freundschaft wegen, ein paar Tage bei Kurfürst Friedrich in Berlin. Im März schickt er etwas halbherzig Bruder Friedrich mit einem kleinen Kontingent sächsischer Soldaten nach Norddeutschland. Er soll in der militärischen Auseinandersetzung um das Herzogtum Sachsen-Lauenburg an der Seite seiner dänischen Verwandten wohl auch die eigene Anwartschaft darauf demonstrieren, was wenig erfolgreich verläuft.

Johann Georg hat bereits zwei jungen Künstlern – dem Juwelier Dinglinger und dem komponierenden Organisten Schmidt – einiges zugetraut. Nun lässt er Sibylla als Gräfin von Rochlitz aller Wahrscheinlichkeit nach von der zwanzigjährigen Malerin Rosalba Carriera aus Venedig porträtieren. Deren Kunst beeindruckt auch Friedrich August, der sie später noch mehrmals beauftragt.

Mit ziemlicher Sicherheit verbleibt das Porträt in den nächsten 300 Jahren nahezu unbeachtet im Schloss Gaußig, das sich ab Mitte der 1680er Jahre für sechs Jahrzehnte im Besitz der Familie von Neitschütz befand. Nach der Bodenreform 1946 und bis zur Restitution des Schlosses Gaußig in den 1990er Jahren erscheint es als »Bildnis der Sibylle Gräfin von Rochlitz – Brustbild in Pastell von Rosalba Carriera«

mehrmals in Verzeichnissen wertvoller Kunstgegenstände des Schlosses Gaußig. Danach taucht es im Katalog eines Stuttgarter Auktionshauses auf, um anschließend wohl endgültig in Privathand zu verschwinden.

In der zweiten Aprilhälfte 1693 verbringen die Brüder in Begleitung Sibyllas einige vergnügliche Tage in und um Torgau. Sie unternehmen Ausflüge, unter anderem nach Pretzsch, wo sie den Zustand des Schlosses in Augenschein nehmen, das sich erst seit vier Jahren im Besitz des kurfürstlich-sächsischen Hauses befindet, und sie reisen ebenfalls für einige Tage zur Leipziger Messe. Am 8. Mai 1693 wohnen die drei nebst Sibyllas Mutter der feierlichen Eröffnung der Leipziger Oper bei. Sie kehren nach Torgau zurück, von wo sie am 18. Mai – wohl ohne Sibylla – nach Lichtenburg fahren, um sich von der kurfürstlichen Mutter zu verabschieden, denn der Feldzug gegen Frankreich steht bevor. Am 21. des Monats reisen die Brüder von Leipzig aus dem 12.000 Mann starken sächsischen Heer nach.

Sibylla hat ihr schönes Haus am Schlossplatz durch den Rat zu Dresden »in Lohn nehmen« lassen, denn sie wird, obwohl hochschwanger, ihren Geliebten auf seinem Kriegszug begleiten. Kurz vor ihrer Abreise will sie am Abendmahl teilnehmen. Bei der vorherigen Beichte wird sie aufgefordert, ihr sündiges Verhältnis zum Kurfürsten zu bekennen. Sibylla jedoch weist den Vorwurf zurück. Für sie ist ihre Liebe keine Sünde. Der Prediger, der ihr Verhalten mit den ihm bekannten göttlichen und weltlichen Gesetzen nicht zusammenbringt, versagt ihr die Absolution. Sie bittet danach noch andere Geistliche um Beistand, die ihn ihr – vermutlich auf Geheiß des Superintendenten Dr. Schrader – ebenfalls verwehren.

Sibylla ist ein Kind ihrer Zeit, gläubig und gottesfürchtig. Sie fühlt sich von ihrer Kirche tief enttäuscht. Sie leidet unter den Anfeindungen und der moralischen Verurteilung. Zwar interveniert Johann Georg auf ihre Klage hin sofort beim Oberkonsistorium, worauf ihr Superintendent Dr. Schwerdtner als Beichtvater zugeordnet wird, jedoch ist es vorstellbar, dass sich aus diesem Erlebnis ihr Wunsch nach einem Übertritt zum Katholizismus entwickelt, wo man großmütiger ist im Umgang mit Verfehlungen bzw. dem, was dafür gehalten wird.

Begleitet von ihrer Mutter und wenigen Gefolgsleuten reist Sibylla dem Tross hinterher. Am 20. Juni 1693 bringt sie im Feldlager bei Frankfurt am Main ihr Kind zur Welt. Schon davor muss der werdende Vater das englische Königspaar, das ihm vor einem halben Jahr den Hosenbandorden überreichen ließ, zu Taufpaten gebeten haben, was Wilhelm III. und Maria II. auch gewährten, denn die Taufe findet bereits einige Stunden nach der Geburt in Anwesenheit eines hohen englischen Offiziers (nach anderen Quellen des englischen Gesandten) statt. So tauft der mitgereiste Dr. Schwerdtner das Mädchen auf den Namen Wilhelmine Marie Friederike. Den dritten Vornamen erhält es nach dem nächst ranghöchsten Paten: seinem Onkel Friedrich.

Nicht alle im Feldlager anwesenden Hofleute und Militärs, die Geburt und Taufe des Kindes erleben, sehen darin einen Grund zu ehrlicher Freude. Eine Person beschreibt die Ereignisse in ironisch-gehässigem Ton in der damals modernen Form eines gereimten Briefes. Darin teilt der Verfasser – oder die Verfasserin – unter anderem mit, dass der junge Vater seinem Töchterlein ein Juwel verehrt habe, »so 20.000 Taler werth«, die junge Mutter habe »hundert Dukaten eines schlags« bekommen. Eine Woche bleibt Johann Georg noch bei Sibylla und dem Kind. Dann reist er in sein Hauptquartier bei Pfungstadt. Sie folgt ihm drei Tage später. Dieser Sommer hält für Johann Georg neben glücklichen Stunden auch viele ärgerliche Erlebnisse bereit. Entgegen dem Bündnisvertrag mit dem Kaiser ist nicht er der Oberkommandierende der vereinten Reichsarmee, sondern der erfahrene Generalfeldmarschall Markgraf Ludwig Wilhelm I. von Baden. Im Übrigen krankt auch dieser Feldzug an den Rangeleien der beteiligten Kriegsfürsten des Reiches. Aus diesem und anderen Gründen ist das Ziel, die Franzosen endlich aus den annektierten Gebieten zu vertreiben, nicht erreichbar. Immerhin wird am 12. Juli in der Schlacht bei Zwingenberg deren 80.000 Mann starke Armee besiegt und muss sich hinter den Rhein zurückziehen. Ein trauriges Denkmal dieses Krieges bleibt die völlig zerstörte Stadt Heidelberg.

Am 5. September – und damit vor der üblichen Winterpause – kehrt Johann Georg mit seinem Gefolge nach Sachsen zurück. Er macht mit Sibylla in Leipzig Station, wo gerade die Michaelis-Messe stattfindet. Dort klagt Sibylla, die sich seit ihrer Entbindung nicht wohl fühlt, nach dem Genuss einer Pastete über heftige Leibschmerzen. Beide denken sofort an eine Vergiftung. Nur eine Person halten sie dazu für fähig: Johann Georgs eifer- und rachsüchtige Gattin. Die von dem aufgebrachten Johann Georg herbeigerufenen Ärzte können kein Gift feststellen, ermahnen aber Sibylla zu gesünderer Lebensweise. Namentlich warnen sie vor dem leichtsinnigen Umgang mit gewissen Mitteln, die ihre Gesundheit untergraben. Wahrscheinlich nimmt Sibylla Stimulanzien ein, sei es aus Sorge um ihre Attraktivität in den Augen des Geliebten, besonders nach der Schwangerschaft, sei es um depressiven Stimmungen zu begegnen. Dass der Gebrauch von Drogen dieser Art damals in Adelskreisen weit verbreitet ist, beklagt auch die große Briefschreiberin Lieselotte von der Pfalz. Sibyllas Leibschmerzen vergehen, die Angst vor Vergiftung bleibt.

Am 20. Oktober 1693 erfolgt endlich der offizielle Akt, mit dem der Kaiser Johann Georg IV. mit dem Kurfürstentum Sachsen belehnt. Dies war durch diplomatische Spitzfindigkeiten seines Großcousins Christian II. von Sachsen-Merseburg verzögert worden, der sich damit wohl für die erlittene Demütigung aus der Anfangszeit von Johann Georgs Herrschaft revanchieren wollte.

Am 29. Oktober 1693 wird, wie das Hoftagebuch mitteilt, für Eleonore Erdmuthe Luise »wegen schwangeren Leibes« gebetet. Ob zurecht, ist fraglich. Dann wäre Johann Georg in dem Sommer, in dem Sibylla ihre Tochter gebar und der Kriegszug gegen Frankreich ihm viel Verdruss bescherte, vom Rhein nach Dresden zurückgekommen, um sich einer weiteren unangenehmen Pflicht zu unterziehen. Wahrscheinlicher handelt es sich um einen Irrtum oder aber um den untauglichen Versuch der Kurfürstin, durch diese Behauptung ihre Lage wenigstens kurzfristig zu verbessern. Der zu Beginn dieses Jahres 1693 fertiggestellten, repräsentativen Englischen Treppe im Residenzschloss folgen noch weitere Bauvorhaben, die im Vergleich zur Prunksucht seines Großvaters und seines Bruders sinnvoll und maßvoll wirken. Auf Johann Georgs Geheiß werden die letzten beiden der acht Kavaliershäuser um das Italienische Gartenpalais im Großen Garten errichtet, womit dieses einzige bedeutende Bauvorhaben aus der Zeit seines Vaters komplettiert wird. In Moritzburg lässt er das alte Jagdschloss umbauen. Der alte Renaissancegiebel von Paul Buchner und der kleine Wendelstein werden abgerissen, ein viertes Obergeschoss aufgesetzt und zwei steinerne Treppenhäuser sowie ein neuer Treppenturm an der Ostseite erbaut. Etwa um diese Zeit erwirbt Johann Georg für Sibylla den Grundhof am Eingang des Lößnitzgrundes im heutigen Radebeul.

Zu den Regierungsangelegenheiten, um die sich Johann Georg in diesem Jahr 1693 kümmert, gehört die Einführung straffer zentralistischer Regelungen des Post- und des Münzwesens. Beides ist für die wirtschaftliche Entwicklung Sachsens von einiger Bedeutung und bei beiden setzt er wiederum unter seinem Vater begonnene Entwicklungen fort. Das gesamte Postwesens, das seit 1681 kurfürstliches Oberhoheitsrecht ist, wird zum 24. Februar der zentralen Leitung durch das Ober-Postamt in Leipzig unterstellt. Unter Leitung von Kammerpräsident Ludwig Gebhardt von Hoym wird die Tax- und Postordnung von 1685 überarbeitet und am 13. Mai 1693 veröffentlicht. Sie regelt die Kosten für die Beförderung von Briefen, Paketen und Personen zu den verschiedenen Orten innerhalb und außerhalb Sachsens. Um das Durcheinander im Münzwesen wenigstens der benachbarten Länder zu ordnen, war im Januar 1690 zwischen Kurbrandenburg, Kursachsen und Braunschweig-Lüneburg die Leipziger Münzkonvention ausgehandelt worden. Nun bemüht sich Johann Georg, den »Leipziger Fuß« als verbindlichen Umrechnungskurs durchsetzen. Dafür lässt er die Leipziger Münze wieder in Betrieb nehmen und beruft als Kontrollorgan eine Münzkommission.

In diesem Herbst und Winter erfährt Johann Georg wiederholt von der schlechten Verpflegung seiner im Feldlager verbliebenen Truppen. Verärgert droht er dem Kaiser mit dem Abzug seiner Soldaten. Aber er braucht ihn auch. Denn über all den Obliegenheiten, die ihn in Anspruch nehmen, steht sein größter Traum: Wenn der Kaiser Sibylla zur Fürstin erheben würde, dann wäre sie ihm, Johann Georg, ebenbürtig. Dann könnte er sie auch mit kirchlichem Segen heiraten, vorausgesetzt, es gelänge ihm, seine Ehefrau, die ihm zutiefst zuwider ist, zu verstoßen. Die Berechtigung dafür fühlt er angesichts der heftigen, ja hasserfüllten Auseinandersetzungen mit der Kurfürstin immer stärker. Wenn Quellen berichten, er habe in einem Wutanfall seine fürstliche Gemahlin vor der Hofgesellschaft geschlagen und die sofortige Scheidung verlangt, könnte dies durchaus zutreffend sein. Also bedrängt und beschwört Johann Georg den Kaiser weiter. Er bringt seine kinderlose Ehe und die Sorge um die Thronfolge ins Spiel. Der Kaiser reagiert unwillig. Was will der Wettiner für seine Favoritin? Mit achtzehn Jahren ist sie Gräfin und mit neunzehn soll sie Fürstin sein?

Das Umdenken des Kaisers wird bestimmt mit größeren Summen Geldes erkauft, zum Beispiel für Geschenke an die Berater des Kaisers. Der größte Trumpf aber, den der sächsische Hofrat Beichling aus dem Ärmel holt, ist wohl die Mitteilung, Sibylla trage sich mit dem Gedanken, zum Katholizismus zu konvertieren. Als Fürstin und künftige Ehefrau würde sie den sächsischen Kurfürsten sicher auch zu diesem Schritt bewegen können, was auch im Hinblick auf die bald freiwerdende Königskrone in Polen von Bedeutung sein könnte. Die Vorstellung, Sachsen als Kernland der Reformation könnte zum Katholizismus zurückkehren, ist für den streng katholischen Habsburger Leopold verlockend. Anstelle teurer Kriege und politischer Abenteuer mit unwägbarem Ausgang soll dafür lediglich die Erhebung einer Gräfin zur Fürstin notwendig sein? Aber sicherheitshalber will der Kaiser abwarten, ob die Gräfin von Rochlitz tatsächlich - wie von Beichling in Aussicht gestellt - zum ersten Osterfeiertag 1694 öffentlich katholisch kommunizieren werde.

Am Ende des Jahres 1693 stehen die Aussichten für Johann Georgs und Sibyllas Traum nicht schlecht: Nach ihrer Konvertierung zu Ostern soll sie zur Fürstin erhoben werden und die Standesherrschaft Seidenberg erhalten.

Die Konflikte verschärfen sich

Der Inhalt der geheimen Verhandlungen am Kaiserhof bleibt nicht geheim. Zu brisant sind die Informationen über die geplante Konvertierung der Gräfin von Rochlitz. Auch der Termin ist durchgesickert. Die Lage verschärft sich auf allen Seiten, die Spannung wächst.

Gründe für die Abneigung, ja sogar den Hass auf den Kurfürsten gab und gibt es schon genug. Sei es sein unduldsamer Regierungsstil, die Steuern auf bestimmte Luxusgüter, die vor allem den Adel treffen, oder seine Bestrebungen zur Einführung einer allgemeinen Landakzise, die sich ebenfalls am ehesten in den Schatullen und Geldbeuteln der Adelsfamilien bemerkbar machen würden. Daher regt sich der Unmut sowohl im Hofadel als auch in den Landständen, zu denen außer den Vertretern der Adelsfamilien auch die des Klerus und der landtagsfähigen Städte gehören.

Alle zusammen, besonders natürlich die lutherisch-orthodoxe Geistlichkeit, bemängeln die ungenügende religiöse Festigkeit des jungen Landesherrn, heute würde man vielleicht Laxheit sagen, die sich nicht nur in seinem Lebenswandel, sondern auch seiner übermäßigen Toleranz ausdrückt. Denn inzwischen ist seine Absicht bekannt geworden, nach dem Beispiel des seligen Friedrich Wilhelm von Brandenburg auch im sächsischen Torgau französische Reformierte anzusiedeln, die dort nicht nur ihre bekannte handwerkliche und wirtschaftliche Tüchtigkeit einbringen, sondern auch ihre Form der Religion ausüben würden. Verärgert hat Johann

Georg die evangelischen Kleriker auch mit einem kurfürstlichen Dekret vom 8. November 1693, in welchem er ihnen jegliche gehässige Angriffe gegen den aufkommenden Pietismus untersagt.

Unaufhörlich und über alle Standesgrenzen hinweg entrüstet man sich über den offenen Ehebruch des Kurfürsten durch das fortgesetzte Liebesverhältnis – beziehungsweise über die Bigamie, für diejenigen, die den Inhalt des Eheverbündnisses kennen. Einzige namhafte Ausnahme ist Gottlob Hermann von Beichling, immerhin Oberkonsistorialpräsident. Der Vater von Johann Georgs Hofrat und Verhandler in Wien wird jedoch das hohe Amt nach dem Amtsantritt von Friedrich August quittieren (müssen). Übereinstimmend ist auch die Empörung über die Protegierung der Familie Neitschütz, die mittlerweile das ganze Staatswesen unterwandere und gefährde.

Wenn zu all dem noch die Befürchtung kommt, dass sich der Landesherr, der ja auch das kirchliche Oberhaupt im Lande ist, unter dem Einfluss seiner katholisch gewordenen Favoritin im Glauben von seinen Landeskindern entfernt und sogar selbst zum Katholizismus übertritt, dazu vielleicht sogar mit der Krone des katholischen Polens liebäugelt, dann ist das Maß voll. Dann gerät das alte Prinzip *Cuius regio, eius religio* – wessen das Land, dessen die Religion – ins Wanken. Ein Konfessionswechsel würde dazu der Gegenreformation in die Hände spielen und letztlich das ganze eingespielte Machtgefüge ins Wanken bringen, im protestantischen Sachsen wie in Europa. Dies zu verhindern, liegt ganz dringend im Interesse der sächsischen Landstände. Sie können nicht ahnen, dass das Befürchtete sehr bald doch noch eintreten wird, weil Friedrich August um jeden Preis König in Polen werden will.

Auch für Eleonore Erdmuthe Luise würde sich mit der erneuten Standeserhebung Sibyllas ihre ohnehin missliche Lage weiter verschärfen. Dann würde ihr Gemahl sie, die kinderlose Kurfürstin, erst recht verstoßen und Sibylla heiraten.

Bedrohlich für den Herzog Friedrich sind vor allem die Sukzessionsrechte, die vom Kaiser den Kindern der neuen Fürstin verliehen werden würden. Danach wären die Nachkommen seines Bruders mit ihr erbberechtigt und seine, Friedrichs, zukünftige Kinder wären von der Erbfolge ausgeschlossen, wie er selbst es war und noch immer ist.

Mithin haben viele Personen gute Gründe, aus tiefstem Herzen zu wünschen, dass es zu alledem nicht kommt. Aber wie wäre es zu verhindern? Nur durch eine radikale Maßnahme. Die direkten Mittel und Möglichkeiten dazu haben jedoch nur wenige. Die sie nicht haben, sondern nur die Motive, könnten Verbündete im Kreis der kurfürstlichen Familie suchen. Dafür würde sich am ehesten der Herzog Friedrich anbieten. Viele wissen um die Unterschiedlichkeit der Brüder und die Spannungen zwischen ihnen – zumindest aus der Vergangenheit – und manchem ist klar, dass der jüngere Prinz sich für den besseren Landesherrn hält und dass ihm Glanz, Ruhm und Macht viel bedeuten. Und schließlich verkehrt Herzog Friedrich ungehindert mit seinem Bruder und mit Sibylla. Möglich, dass daher der eine oder andere auslotet, ob Friedrich für die Beseitigung des Paares zu gewinnen sei.

Einen interessanten Hinweis fördert Böttcher aus alten Quellen zutage: Francke, der gut informierte Teufelsbeschwörer im Auftrag der Kurfürstin, habe zu Beginn des Jahres 1694 geäußert, er wüsste alles wohl zu machen, und alle Menschen würden sich wundern über der Gräfin Abschied aus dieser Welt.

Vielleicht handelt es sich bei dieser Andeutung um eine spätere romanhafte Ausschmückung, vielleicht aber auch um die überlieferte Ankündigung eines Insiders. Dies wäre dann ein Indiz dafür, dass Eleonore Erdmuthe Luise tatsächlich Francke den Auftrag erteilt haben könnte, ihre Nebenbuhlerin zu beseitigen. Dazu könnte auch Friedrich seine Schwägerin ermutigt haben, um dann mit diesem Wissen ein dauerhaftes Druckmittel gegen sie in der Hand zu haben. Dies würde wiederum erklären, wieso sie sich nach dem Tod ihres Gemahls so vollkommen geräuschlos aus der Residenz entfernte und ein zurückgezogenes Leben auf ihrem Witwensitz führte, wo ihre Kontakte zum örtlichen Geistlichen die einzig nennenswerten darstellten.

Wie auch immer, die Spannungen in der Residenz erreichen in diesen Wochen eine Intensität, die auf Entladung drängt.

Die letzten Wochen

Zu dem bedrohlichen Grummeln im Untergrund kommen zu Beginn dieses denkwürdigen Jahres 1694 noch konkrete und sichtbare Ereignisse und Auseinandersetzungen hinzu.

Vergleichsweise harmlos ist der Ärger mit einem anderen Sekundogenitur-Verwandten, dem Herzog Moritz Wilhelm von Sachsen-Zeitz. Der hat zu Beginn des Jahres auf Geheiß Kaiser Leopolds den früheren sächsischen Geheimrat Schmid wegen Münzvergehens inhaftieren lassen, als dieser sich in Zeitz aufhielt. Johann Georg, der weder dem Kaiser noch seinem Vetter die Gerichtsbarkeit über seine Landsleute zugesteht, setzt im Januar 600 Soldaten nach Zeitz in Marsch. Sie brechen das Stadttor auf und entführen Schmid nach Leipzig, wo ihm der Prozess gemacht wird.

Am 18. Februar 1694 heiratet Sibyllas Bruder Christoph Adolph. Das »Beylager« des jungen »Cammerherrn von Neitschitz« mit dem Fräulein von Miltitz wird am darauffolgenden Tag »in der Gräfin Behausung« vollzogen, so das Hoftagebuch. Ins Gerede kommt die Sache, weil Louise von Miltitz den gebildeten, aber unansehnlichen Christoph zunächst nicht heiraten will. Die Hausangestellte Agnes Krapp, bald Kronzeugin im Prozess gegen Ursula Margarethe, wird dort zu Protokoll geben, dass die Generalin von Neitschütz der Auserwählten ihres Sohnes mit dem Kurfürsten gedroht habe. Er würde ihr »einen Lumpenhund geben und sie auf's Land setzen«, wenn sie nicht einwillige. Louise von Neitschütz hat den Vorwurf der Erpressung und

Kuppelei im Prozess gegen ihre Schwiegermutter nicht bestätigt. Doch diese kleine Geschichte, 1780 von Klotzsch aufgeschrieben und wie viele andere bis heute als Tatsache und nicht als Denunziation in einem Hexenprozess bewertet, gibt die typische Stimmung in Dresden wieder, in der jedes Detail im Leben der Familie Neitschütz zumindest als Missbrauch ihrer Macht aus- und umgedeutet wird.

Ende Januar erwirbt Johann Georg das Rittergut Pillnitz mit dem dazugehörigen Schloss von Heinrich von Bünau, der dafür das Amt Lichtenwalde und 20.000 Gulden erhält. Wie das Hofjournal berichtet, begibt sich der Kurfürst am 24. Februar mit Sibylla und dem gerade aus Italien zurückgekehrten Friedrich dort hin, um ihnen voller Stolz die weiträumige und wunderschön am Elbufer gelegene Neuerwerbung zu präsentieren. In seiner Freude über ihr Staunen macht er seiner schwangeren Liebsten Gut und Schloss zum Geschenk. Es ist die vielleicht wertvollste aller Zuwendungen ihres Geliebten und sie geschieht auch im Hinblick auf ihr Kind, das Johann Georg mit dem wertvollen Erbe seiner Mutter absichern will, so, wie er es im Eheverbündnis formuliert hat.

Dann fahren sie zurück nach Dresden. Wie berichtet wird, hat Johann Georg an diesem Abend – wie häufig nach seinem schweren Sturz – starke Kopfschmerzen. In dieser Situation kommt es zu einem Zwischenfall, über den die Quellen teilweise abweichend berichten.

Die Kurfürstin, die von dem Pillnitzer Ausflug samt Schenkung erfährt, sucht Johann Georg unverzüglich auf und »klagte ihrem Gemahl mit bittern Ausdrücken«. Es kommt, wie Grundig in der »Sammlung Vermischter Nachrichten« weiter mitteilt, zu einer heftigen Auseinandersetzung, in der

Johann Georg voller Wut damit droht, sie »vom Hoflager zu entfernen«. Anderen Quelle zufolge habe er angewiesen, dass Pferde angespannt werden sollten, um Eleonore Erdmuthe Luise sofort nach Freiberg zu bringen. Die ebenfalls anwesende Sibylla habe jedoch beruhigend auf ihn eingewirkt, so dass er den Befehl zurücknahm.

Carl Ludwig von Pöllnitz wird um 1730 die Situation so schildern: Johann Georg habe sich mit dem gezogenen Säbel auf Eleonore Erdmuthe gestürzt und hätte sie sicher erstochen, wäre sein Bruder der Bedrängten nicht zu Hilfe gesprungen, indem er mit bloßen Händen und dank seiner Körperkraft den Degen zerbrach, wovon Friedrich eine Verletzung davongetragen habe. Der erwähnte Grundig zieht die Darstellung jedoch in Zweifel, denn es sei »ungewiß, ob Herzog Friedrich August bei diesem Vorgange überhaupt gegenwärtig gewesen ist«. Aber sie ist nun mal eine im Bewusstsein der Sachsen tief verwurzelte Legende über den starken und gerechten August.

Mit Sicherheit sind die drei am meisten Betroffenen äußerst angespannt und am Ende ihrer Fähigkeit zur Selbstbeherrschung. Zu viel ist in den letzten beiden Jahren passiert, bis hin zu den angeblich oder tatsächlich verübten Giftanschlägen. Doch es gibt zwischen ihnen Unterschiede. Ausgerechnet die viel geschmähte Sibylla mahnt Johann Georg mehrmals zu Mäßigung gegenüber der Kurfürstin. Was ihr als Dummheit oder Falschheit ausgelegt wurde und wird, zeigt eher ihr freundliches und friedfertiges Naturell, für das mindestens Johann Georg und Haxthausen sie lieben, und es passt zu dem folgenden Eintrag im Hofjournal: Am 1. März, das heißt, fünf Tage nach der unerhörten »rencontre [Begegnung] wegen Abtretung des Guths Pillnitz an die Gräfin von Rochlitz«, sei diese »nachmittags bey der Churfürstin gewesen und ihr die visite gegeben«. Sibylla hat demnach ihre Kontrahentin aufgesucht, die hat sie aber wohl wegen Unpässlichkeit nicht empfangen: »die Durchl. Churfürstin aber hatt zu Bette gelegen«. Sibyllas Besuchsabsicht wird bis heute als über die Maßen dreist und anmaßend bewertet. Dabei spricht daraus viel mehr ihr Wunsch nach entspannteren Verhältnissen bei Hofe (die herzustellen wenig später der einige Jahre älteren, charismatischen Aurora von Königsmarck gelingen wird). Vielleicht spielt weibliches Mitgefühl eine Rolle, vielleicht macht sie auch die Gewissheit ihres bevorstehenden Triumphes noch verständigungsbereiter und gelassener. Der Eintrag endet jedenfalls mit den Worten: »Abends war bey der Gräfin von Rochlitz ein Ball.«

Es war wohl ihr letzter. Im Laufe des Monats geht es Sibylla zunehmend schlechter. Ende März kann sie das Bett nicht mehr verlassen. Die ratlosen Hofärzte meinen bei ihrer Patientin schließlich die Blattern zu erkennen und beginnen mit den damals üblichen Behandlungen mit »Spanischen Fliegen«, einer »Blätterkur unter großer Hitze« und ähnlichen, gleichermaßen brutalen wie sinnlosen Mitteln. Ihr Körper bedeckt sich mit einer Art schwarzem Schorf.

Johann Georg ist so oft er kann bei der todkranken Liebsten. Er verbringt Tage und Nächte an ihrem Bett, streichelt sie, fleht sie an, bei ihm zu bleiben, betet und weint. Stundenlang verharrt er in einer Art Betäubung. Er leidet maßlos, wenn Krämpfe sie schütteln und er ihr nicht helfen kann.

Dennoch gibt es, glaubt man der brieflichen Mitteilung von Friedrich Augusts gut informierter Gemahlin Christiane Eberhardine an ihre Mutter, bei Sibylla Anzeichen einer Erholung: Nachdem sie neun Tage »an den platern granck gelechen« sei sie »gantz außer gefahr geweßen. Sie ist aber auf ein Mal vernunft-, sprach- und hörlos geworden und so von 9 uhr des Morgens biß den antren Morgen nach 7 ist sie gelechen ohne einige bewechung, da sie den munt uf gethan und so verschiten.« Sibylla stirbt am Morgen des 4. April 1694, zwei Monate nach ihrem neunzehnten Geburtstag, wenige Tage vor dem Osterfest, bei dem sie dem Vernehmen nach ihren Glaubenswechsel öffentlich bekennen wollte.

Johann Georg ist außer sich vor Schmerz. Berichten zufolge wirft er sich immer wieder über den toten Körper der Geliebten und küsst sie, und die Umstehenden können ihn nur mit Mühe von ihr wegziehen.

Und selbst in dieser Stunde größten Leids nimmt er die Menschen um sich herum wahr: Er verspricht der Mutter seiner Liebsten, dass sie weiter unter seinem Schutz steht und auch Sibyllas Bedienstete sollen seiner Gnade versichert sein.

Als eine Kinderfrau mit der neunmonatigen Tochter den Raum betritt, nimmt er das Kind weinend und voller Zärtlichkeit auf den Arm. In diesem Augenblick höchster seelischer Not schickt er nach seinem Bruder, dem trotz aller Differenzen ihm am nächsten stehenden Menschen. Als Herzog Friedrich erscheint, erklärt Johann Georg ihn zum Vormund der kleinen Wilhelmine Marie Friederike.

Bestimmt treibt ihn das Bedürfnis, seinem Kind, das gerade seine Mutter verloren hat, einen anderen starken und wohlwollenden Schutz beizugeben, auch für den Fall, dass er selbst dazu aus irgendeinem Grund nicht in der Lage sein sollte. Er beauftragt Friedrich außerdem, sich um den mütterlichen Nachlass des Kindes zu kümmern und diesen zu schützen. Der gibt daraufhin Befehl, die Schränke des Hauses zu versiegeln. Weiter wird er nichts tun, den innigen Wunsch und das Vermächtnis des Bruders zu erfüllen. Im Gegenteil.

Als Sibyllas Leichnam aufgehoben wird, sieht man an ihm zahlreiche grüne und gelbe Flecken. Für Johann Georg und Ursula Margarethe sind dies Anzeichen dafür, dass das eingetreten ist, was sie schon so lange befürchtet haben: dass Sibylla vergiftet wurde. Der aufs Äußerste erregte Johann Georg ordnet an, den Körper der Verstobenen zu öffnen. Die Ärzte unter Leitung des kurfürstlichen Leibarztes Dr. Pauli finden jedoch keine Hinweise auf ein Tötungsverbrechen. Sie halten an der Blatterndiagnose fest und führen die Flecken auf die starken Konvulsionen (Krämpfe) infolge der verabreichten Medikamente zurück.

Für einiges Hin und Her sorgt ein aus Sibyllas und Johann Georgs Haaren geflochtenes Armband. Ein solches, im Englischen als Bracelet bezeichnetes Zeichen der Liebe und Verbundenheit besaß auch Wilhelm III. von seiner Gemahlin Maria II. von England. Beide hatten vor reichlich einem Jahr dem jungen Kurfürsten den Hosenbandorden übersandt und waren im Juni die Namenspaten der kleinen Wilhelmine Marie Friederike geworden. In Sachsen jedoch hängt man dem Aberglauben an, dass derartige persönliche Dinge, wenn man sie bei einem Toten belässt, denjenigen, von dem sie stammen, ebenfalls mit in den Tod ziehen können. Aus diesem Grund wird das Bracelet zweimal – von der sterbenden und von der toten Sibylla – entfernt. Beide Male entdeckt dies Johann Georg und verlangt energisch, dass es ihr wieder angelegt wird.

Acht Tage bleibt Sibylla in ihrem Haus aufgebahrt. Johann Georg hat Hoftrauer angeordnet. Er selbst trägt Trauerkleidung und erwartet dies auch von allen anderen bei Hofe, wobei er die Kosten für die Trauerkleidung seiner und Sibyllas Bediensteter übernimmt. Für die engsten Angehörigen und Vertrauten einschließlich seiner Geheimen Räte lässt er aufwendig gearbeitete Trauerflore anfertigen. Er empfängt niemanden, der keine Trauerkleidung trägt, auch Hoffremde nicht.

Viele Male geht er zu seiner toten Geliebten, seiner vor Gott rechtmäßigen Ehefrau, und verbringt Stunden an ihrer Bahre. Er kann es nicht fassen. Sie waren so glücklich gewesen und so nah an der Erfüllung ihrer Wünsche. Nur langsam begreift Johann Georg, dass er sie für immer verloren hat. Alles, was nun noch in seiner Macht steht, ist, sie als seine Frau zu ehren. Sie soll das Begräbnis einer kurfürstlichen Gemahlin bekommen. Das kann er für sie tun, und er wird es tun.

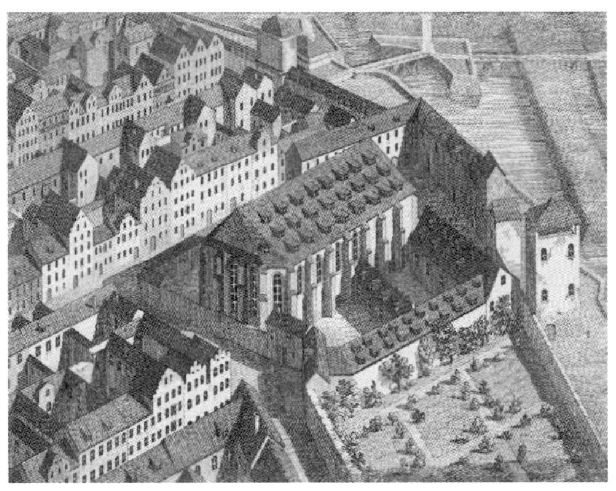

Das vormalige Barfüßer-Kloster (Sophienkirche), der Begräbnisort Sybillas.

Ein fürstliches Begräbnis

Johann Georg gelingt es zeitweise, sich aus der lähmenden Verzweiflung zu lösen, in die ihn Sibyllas Tod am 4. April gestürzt hat. Dann erteilt er in der präzisen und energischen Art, die man von ihm gewohnt ist, Anweisungen. Er bestimmt, dass die Verstorbene in der Gruft der Sophienkirche beigesetzt werde, der ältesten und bedeutendsten Kirche der Residenzstadt, die der kurfürstlichen Familie seit Generationen als Begräbnisstätte dient. Zur Vorbereitung der Leichenprozession gibt das Hofmarschallamt am 9. April detaillierte Order an den Bürgermeister der Stadt Dresden. Die Gassen und Plätze entlang der festgelegten Route müssen bis zwölf Uhr Mittag gesäubert und Schutt- und Kehrichthaufen beseitigt werden. »In Sonderheit hat der Rath Vorsorge zutragen, daß die Bau Materialia an Dr. Eichlers Hause in der Auergasse insgesambt weggeschafft werden.« Nichts soll die ehrenvolle Zeremonie beeinträchtigen.

Am 11. und 12. April des Jahres 1694 läuten jeweils ab elf Uhr für eine Stunde die Glocken aller Dresdner Kirchen und kündigen die hochfeierliche Beisetzung für die Abendstunden des 12. April an. Entlang des Weges, den der Trauerzug nehmen soll, steht an diesem Donnerstagabend die gesamte Bürgerschaft in schwarzer Kleidung, mit aufgepflanztem Ober- und Untergewehr Spalier. Jeder achte Mann steht einen Schritt vor mit einer Fackel in der Hand. An den Straßenecken lodern Wachfeuer. Dahinter drängen sich die Bewohner Dresdens – Bürger, Handwerker, Dienstboten – und Zugereiste.

Am Abend des 12. April versammelt sich eine kleinere Trauergemeinde in Sibyllas Haus. Der Geheime Rat Senfft hält an ihrem Sarg eine kurze Rede, in der er mit diplomatisch klugen Worten die Verstorbene als diejenige würdigt, welche der Kurfürst »zur Mitkonsortin seines Lebens angenommen« habe. Vor dem Haus wird der Sarg auf einen sechsspännigen Wagen gesetzt, der mit dem kurfürstlich-sächsischen und dem gräflich-rochlitzschen Wappen geschmückt ist. Über den Sarg wird ein kostbares Tuch aus schwarzem Samt gebreitet und ein silbernes Kruzifix darauf drapiert. Um acht Uhr läuten wieder die Glocken und die feierliche Trauerprozession, bestehend aus zweiundfünfzig Kutschen und hunderten Fußleuten, von denen viele Fackeln tragen, setzt sich in Bewegung. Die unzähligen Fackeln und die Pechpfannen auf den Straßen erhellen die hereinbrechende Nacht. Der prächtige Zug zieht sehr langsam einen weiten Bogen vom Haus der Verstorbenen über den Neumarkt, die Große Frauen-, die Schloss- und die Große Brüdergasse bis hin zur Sophienkirche. Im sechsspännigen, vergoldeten Staatswagen hockt der vom Schmerz gezeichnete junge Kurfürst. Ihm folgt entsprechend des höfischen Reglements der Herzog Friedrich August in seiner Kutsche.

In der zehnten Stunde erreicht der beeindruckende Zug die Sophienkirche. Der Sarg wird hineingetragen, auf einen Katafalk gesetzt und ein letztes Mal geöffnet. Im Schein hunderter Kerzen werden die Leichenpredigt, Abschiedsgedichte, unter anderem von Sibyllas Brüdern, und die von Johann Georg selbst verfasste Grabinschrift verlesen, aus der seine Liebe und seine Verehrung für seine Ehefrau Sibylla sprechen.

Senfft hält noch eine schöne Oration, die Hofkapelle spielt vier Lieder und einige vertonte Psalmen. Vor dem Altar werden Gebete und der Segen gesprochen. Dann wird der mit vergoldeten Schlössern und anderem Zierrat beschlagene Sarg endgültig geschlossen, die steinerne Treppe hinab in die Gruft getragen und auf eine hölzerne Bahre gestellt. Johann Georg beugt sich ein letztes Mal darüber. Dann reißt er sich los und wird vom Onkel der Toten, dem Oberhofmarschall von Haugwitz, nach oben geleitet. Die Gruft wird mit zwei großen Begräbnissteinen verschlossen. Um Mitternacht kehrt Johann Georg ins Schloss zurück. Das Läuten aller Glocken der Stadt verstummt. Die Menge zerstreut sich. Am Tag darauf beginnen die Steinmetze, Johann Georgs Grabinschrift für Sibylla in die Grabplatte einzumeißeln.

In der Residenzstadt kennt derweil die Entrüstung keine Grenzen. Die Sachsen meinen, dass ihr Kurfürst von Liebe und Schmerz verblendet sein muss. Oder wirken die Zaubermittel dieser Hexe sogar über ihren Tod hinaus? Wie könnte er sonst diese Liebschaft wie eine Kurfürstin betrauern? Und sie in der Sophienkirche beisetzen lassen, wo doch nur Mitglieder der kurfürstlichen Familie ruhen? Dabei hat diese Hure und Tochter einer Hure nur Schmach und Unglück über das kursächsische Fürstenhaus und das ganze Land gebracht. Sie hat den jungen Herrn schon als Kurprinzen verzaubert, dass er ihr nicht widerstehen konnte, und ihn in übernatürlicher Liebe an sich gefesselt, als er dann Kurfürst und mit einer richtigen Prinzessin verheiratet war. Womöglich hat sie im Verbund mit ihrer Mutter, der machtgierigen Generalin von Neitschütz, durch Zauberkraft auch seinen Vater, Johann Georg III., gemeuchelt, weil der strikt gegen die unselige Verbindung seines Sohnes mit der koketten Neitschütz-Tochter war. Aber statt zur Vernunft zu kommen, überhäufte sie der junge Herrscher mit Geschenken. Vor einem Jahr ließ er sie sogar zur Gräfin von Rochlitz erheben. Nun hat Gott die vielfache Sünderin bestraft. Nein, sie können diese Hure und Hexe und Landverderberin so wenig betrauern, wie sie die Verzweiflung ihres jungen Landesherrn verstehen.

Nur Stunden nach der fürstlichen Beisetzung macht in der Stadt ein Pasquill die Runde, eine Schmähschrift, die in Versmaß und Wortwahl das Original erkennen lässt: Johann Georgs Grabinschrift für Sibylla.

Hier
ruhet in Gottes Gerichte die Hoch- und Wohlgeborne Magdalena Sybilla von Neitzschitz
welche durch groß Geld gemacht zu des Hl Römischen Reiches Gräfin von Rochlitz. Einen Fürsten durch Zaubereien zu ihrem Manne gezwungen, dem sie aber niemals treu verblieben. Wissentlich nur eines Kindes
Mutter
erhob sie sich wider ihre Fürstin, der sie gleichwohl im Geringsten nicht zu vergleichen war. Der Fürst liebte sie übernatürlich. Sie war jung an Jahren, der Gestalt nach ziemlich, aber in Geilheit und Hurerei
unvergleichlich
ihre Tugenden bestunden in verfluchten Lastern ihre Qualitäten waren ein Ruin des gantzen Landes …

In den Tagen nach Sibyllas Beisetzung leistet ihr Gesellschaftsfräulein Agnes von Kuhlau dem tief erschütterten Johann Georg einige Male Gesellschaft. In seiner Verfassung wird er es als wohltuend empfunden haben, eine Vertraute Sibyllas um sich zu haben. Ein Stück ist sie es auch für ihn geworden. Zumal Agnes eine der wenigen Personen sein dürfte, die mit seinem Schmerz zumindest ein bisschen mitfühlen. Es könnte gut sein, dass er sich, wie berichtet, mehrmals nach ihrem Befinden erkundigt habe. Es würde zu seinem fürsorglichen und anteilnehmenden Verhalten gegenüber Menschen passen, die ihm und Sibylla nahestanden und stehen. Seine Trauer rührt auch Ursula Margarethe, zu der Agnes von Kuhlau nach Sibyllas Tod quasi übergesiedelt ist, und die Agnes' Anwesenheit bei ihrem »Herrn Sohn« gutheißt. Ihr missgünstiges Umfeld erkennt darin jedoch intrigante Machenschaften der Generalin, die darin »Kontinuieret, dem Kurfürsten eine neue Hure anzuhängen, ihn in einen neuen Ehebruch zu bringen …«, wie es ein von Klotzsch übermitteltes Pasquill ausdrückt, und er habe sich gegen solche Absichten nicht abgeneigt gezeigt. Dabei wäre es seine Pflicht, sich endlich freundlicher gegen seine Gemahlin zu benehmen. Schließlich steht die Geburt eines Thronerben noch aus.

Doch die Aufregung in der Residenzstadt darüber wird bald von der nächsten in den Schatten gestellt. In einem Manuskript aus jenen Tagen heißt es: »Den 22. April 1694 ist es sehr unheimlich im Schlosse gewesen und hat sich der Dresdner Mönch als Anzeige eines hohen Todesfalls sehen lassen.« Das Mönchsgespenst, nach manchen Überlieferungen der »Graue Mönch« genannt, ist der Sage nach ein zu Unrecht Geköpfter, der mit dem Kopf unter dem Arm und mit einer brennenden Laterne in der Hand nachts auf den Wällen der Festung spukt. Wer ist derjenige, der die Dresdner auf das bevorstehende Ableben des jungen Kurfürsten vorbereiten will? Böttcher zufolge kann er nur aus dem Schloss gekommen und über den (mit Schlössern gesicherten) Schwarzen Gang zu den Festungswällen gelangt sein. Mithin muss er zum engen Kreis der kurfürstlichen Familie und einiger weniger privilegierter Höflinge gehören oder von diesen beauftragt worden sein.

Vier Tage nach Sibyllas Beisetzung erkrankt Johann Georg. An seinem Bett wachen Tag und Nacht Hofärzte, seine Vertrauten Pflugk und Haugwitz, der Oberhofprediger Dr. Carpzov und andere Hofleute sowie mehrere Kammerdiener. Auch seine Mutter kommt von Lichtenburg nach Dresden. Carpzov protokolliert Johann Georgs letzte Lebenstage: Am 16. April habe er sich übel befunden, sei am 17. aber ausgefahren und am 18. zu Bette geblieben und habe sogar die »Absolution und Communion empfangen«. Am 19. habe »sich etwas geäusert, daraus man die Blattern schließen wollen, so folgenden Tags recht ausgebrochen«. Nach dieser Diagnose wird ihm wohl die gleiche Behandlung zuteil wie Sibylla.

Die Berichte über die folgenden Tage sind in einigen Aspekten uneinheitlich, zum Beispiel darüber, ob und wann sich der Kurfürst in Moritzburg oder in der Residenz aufgehalten habe. Wichtiger sind allemal die Aussagen über seinen Gesundheitszustand. Carpzov schreibt von der berechtigten Hoffnung, dass keine Lebensgefahr mehr besteht, »weil die Blattern so glücklich herauß und kein wiedrig Symptoma sich gefunden«. Am Mittag des 27. April habe ihn jedoch eine Art von Schlag getroffen, der »den Verstand samt der Rede benahm«, was Christiane Eberhardines Beschreibung von Sibyllas Tod ähnelt.

Berichte von Gesandten an ihre Fürstenhäuser stimmen dahingehend mit den »Lettres historiques« überein, dass sich der Kurfürst ab dem 20. April bereits wieder auf dem Wege der Besserung befunden habe. Er sei in diesen Tagen von seinem Krankenlager aufgestanden und von Moritzburg in die Residenz zurückgekehrt. Auch habe er Anweisungen gegeben, den Abmarsch der sächsischen Truppen betreffend, die unter seinem Befehl in den neuerlichen Rheinfeldzug ziehen sollen.

Wie einige Quellen berichten, sei er am 26. April sogar ein wenig auf den Wällen der Festungsanlage spazieren gegangen. Dabei habe er plötzlich einen Schwächeanfall erlitten, worauf ihn sein Diener Heinrich Besser und andere Bedienstete ins Schloss brachten. An diesem Abend habe ihn ein plötzliches heftiges Fieber befallen.

Die Ärzte sind machtlos. Johann Georg stirbt am elften Tag seiner Krankheit, am 27. April 1694, gegen sechs Uhr abends. Binnen weniger Stunden verbreitet sich in der Residenz die Nachricht vom Tode des Kurfürsten. Herzog Friedrich schickt den aus Österreich stammenden Baron Johann Friedrich Eck nach Wien, um dem Kaiserhof den Tod Johann Georgs IV. von Sachsen zu melden.

Klotzsch, Pöllnitz und andere werden später von einem der ältesten Gesellen der kurfürstlich-sächsischen Hofapotheke schreiben, der sehr unruhig geworden sei, als er von der Verschlechterung des Zustandes des Kurfürsten gehört habe. Am Tag nach Johann Georgs Tod soll er heftig nach seinem Beichtvater verlangt haben, um sich von höchster seelischer Not zu erleichtern. Der Geistliche sei dem dringenden Ruf jedoch nicht gefolgt. In der darauffolgenden Nacht sei der Apothekergeselle verschwunden und anderntags habe man ihn tot in der Elbe gefunden. Diese Geschichte, ob wahr oder erfunden, drückt aus, was die Zeitgenossen umtreibt, nämlich die höchst beunruhigende Frage, ob der Tod Johann Georgs auf etwas Anderem beruhen könnte als auf einer Ansteckung mit den Pocken. Denn so sehr sie den Lebenswandel ihres Kurfürsten verabscheut hatten, die Vorstellung, der von Gottes Gnaden herrschende Landesherr könnte umgebracht worden sein, ängstigt sie noch mehr.

Als am 18. November 1694 die Landtagsversammlung zusammentritt, ist in ihrer Präliminarschrift von der Vermutung die Rede, »es sei durch allerhand böses Beginnen und boshaftes Vornehmen gottloser Leute dieser so betrübte Todesfall befördert worden«. Die Landstände fordern, »die wahre Beschaffenheit der Sachen an das Licht zu bringen, damit dergleichen grausame Taten in Zukunft mögen abgewendet werden«.

Der kommende Kurfürst Friedrich August gewährt seinen Untertanen jedoch nicht viel Zeit für Fassungslosigkeit und Mutmaßungen. Ohne zu zögern lässt er weitere Akte eines aufregenden Schauspiels vor ihnen ablaufen, als ob sie schon lange durchdacht und vorbereitet worden seien. Noch am Abend von Johann Georgs Tod befiehlt er, das Neitschützsche Haus mit acht Mann Wache zu besetzen und stellt damit die Generalin quasi unter Hausarrest.

Am dritten Tag nach dem Tod des Bruders tagt eine von Friedrich berufene geheime Kommission.

Er lässt deren Mitglieder einen Eid auf ihre Treue und Verschwiegenheit schwören. Sie sollen den Leichnam der am 4. April verstorbenen Gräfin zu Rochlitz auf Spuren von Hexerei untersuchen und die Ergebnisse genau protokollieren. Ein seltsamer Auftrag eines vierundzwanzigjährigen designierten Herrschers, der selbst nicht an Hexerei glaubt.

Der Bruder und spätere König.

Eine Leiche wird besichtigt

Bereits am Abend dieses 30. April 1694 betreten die vereidigten Mitglieder der geheimen Kommission, unter ihnen auch Frauen, die Sophienkirche. Nachdem die zwei großen Begräbnissteine aufgehoben sind, steigen sie über die steinernen Treppenstufen ins Innere der Gruft. Auf einer hölzernen Bahre steht der unverschlossene Sarg. Er ist mit schwarzem Samt ausgekleidet. Darin liegt die neunzehnjährige Sibylla in einem rotsamtenen Sterbetalar, der mit breiten goldenen Schleifen und einer kostbaren Spange reichlich verziert ist. Ihr Hemd ist am Halsausschnitt und an den Ärmeln mit Spitzen »ganz propremeent ausgepuzet«, wie das Protokoll vermerkt. Ihr Kopf ruht auf einem schwarzsamtenen, am Rand mit Gold verzierten Kissen, die Arme liegen auf Samtkissen und vor dem Mund hat sie ein weißes Tüchlein. Die Füße sind mit schwarz seidenen Strümpfen und Gold verzierten Schuhen bekleidet. Am rechten kleinen Finger hat die Tote einen goldenen Ring, auf dem ringsherum vier herzförmig geschnittene Diamanten angeordnet sind. An der linken Hand, auch am kleinen Finger, steckt ein anderer goldener Ring: ein etwas größeres Rubinherz, auf beiden Seiten mit drei Diamanten besetzt. Neben diesem finden die Männer und Frauen noch ein »klein schwarz geschmelzt galanterie Ringlein«, in das die Worte »Mon amour est tout pour vous« graviert sind. Um den linken Arm ist das mit schwarzem Atlas überzogene Bracelet gewunden, das aus ihren und Johann Georgs Haaren gewundene Band. Daran ist Johann Georgs Portrait befestigt, an den vier Ecken mit großen Diamanten besetzt. Armband und Portrait bedeckt der samtene Ärmel des Gewandes.

Die Leichenbeschauer finden noch etwas im Sarg: »ein wenig braune sehr kurze Haare, in ein Papier gewickelt«, vielleicht Haare ihres Kindes.

Die Herren übergeben dem »Bettmeister« die Fundstücke. Damit endet das Protokoll. Dann wird Sibyllas Leichnam schnell und ohne Aufsehen an unkenntlich gemachter Stelle vergraben. Nichts soll mehr an die Gräfin zu Rochlitz erinnern.

Nach Johann Friedrich Klotzsch, der 1780 Sibyllas Lebensgeschichte »aus richtigen Quellen« verfasste, sei sie auf dem Dresdner Schindanger am alten Brauhaus verscharrt worden. Dort, wo nutzlos gewordene Tiere getötet und ihre Kadaver beseitigt wurden, habe man in ihrem Todesjahr an einem Pfahl folgende Schmähschrift gefunden:

Hier liegt im Kote und ruht im Tode
Eine unglückselig geborene,
unselig verstorbene
Magdalena Sibylla von Neitzschitz …

So fahre denn hin, wohin du gehörst,
du verdammte Seele,
zu deinem Lehrmeister, dem Teufel,
und du verfluchter Leib,
ruhe nimmermehr wohl,
sondern werde ein Aas der Raben
auf diesem Schindanger!

Am 5. Mai, acht Tage nach seines Bruders Tod, legt Friedrich August dem Geheimen Rat die »Neitschützsche Sache« zur Verhandlung vor. Wichtigstes Dokument ist das Protokoll der Leichenbesichtigung vom 30. April. Der junge Herzog verweist insbesondere auf das an der Leiche der verstorbenen Gräfin von Rochlitz gefundene Bracelet. Durch dieses könnte sie den Kurfürsten sogar noch im Tode behext und somit verursacht haben, dass er ihr so schnell nachfolgen musste. Dies wäre ein klarer Fall von Hexerei und Schadenszauber gegen das kurfürstliche Haus und als solches unbedingt zu ahnden. Möglicherweise wurde solcher bereits durch die Mutter der Gräfin, die Generalin von Neitschütz, angewendet, um den vormaligen Kurfürsten Johann Georg III. zu beseitigen.

Die Geheimen Räte stimmen ihrem künftigen Herrscher darin zu, dass diesem Verdacht unbedingt nachgegangen werden müsse, um weiteres Unheil vom kurfürstlichen Haus und Landen fernzuhalten. Mit der näheren Untersuchung der Vorwürfe wird der Dresdner Stadtrat unter Leitung des Amtmanns Johann Siegmund Leister beauftragt. Vehse, der Dresdner Archivar und Chronist mit besonderem Blick auf das sächsische Herrscherhaus, bezeichnet die Auswahl dieses Gremiums später als »auffällig«.

Es folgt eine Menge an Verhaftungen, zuvorderst die der Hauptverdächtigen. Sibyllas Mutter wird ins alte Rathaus am Altmarkt gebracht. Im zweiten Obergeschoss des dreistöckigen Gebäudes aus dem 13. Jahrhundert befindet sich die Gerichtsstube, die auch als Untersuchungsgefängnis dient. Hier wird die Vierundvierzigjährige Tag und Nacht von vier Mann bewacht. Ursula Margarethe weiß, dass meist Frauen niederen Standes wegen Hexerei verbrannt wurden. Aber manchmal wurden auch adelige Delinquentinnen Opfer von Inquisitionsprozessen. Vielleicht hat sie von Sophia von Taubenheim gehört, die 1585, im letzten Lebensjahr des Kurfürsten August, eben hier auf dem Dresdner Marktplatz mit dem Schwert hingerichtet wurde. Man hatte ihr Zauberei, Dieberei und Ehebruch zur Last gelegt, weil sie versucht hatte, die Gunst des Kurfürsten für ihren in Ungnade gefallenen Mann, den Geheimen Rat Hans von Taubenheim, wiederzuerlangen. Vielleicht war der Generalin von Neitschütz auch zu Ohren gekommen, dass 1622, vor reichlich siebzig Jahren, in der Niederlausitz zwei adlige Schwestern wegen Anstiftung zum Schadenzauber hingerichtet worden waren. Schadenzauber gegen das kurfürstliche Haus und Beihilfe zum Ehebruch des Kurfürsten wirft man jetzt auch ihr vor. Sicher kann sie keineswegs sein, dass ihre vornehme Herkunft sie vor dem Schicksal der meisten verurteilten Hexen bewahren wird.

In der Stadt kursieren unterdessen Pasquille wie dieses, ebenfalls von Klotzsch übermittelte: »Ein Weib, die lebenslang ein geil hurerisch Leben geführt … mit Kurfürst Johann Georg III. öffentlich gehurt und mit diesem die Gräfin von Rochlitz in Unehren gezeuget … hat sie diese ihre Tochter an ihren Bruder verkuppelt und ihn auf Hexenweise in die größte Blutschande gebracht …«

Noch eine Trauerprozession

»Der Tod ist zu unsern Fenstern herein gefallen und in unser Paläste kommen« (Jeremias 9, 21) predigt Dr. Carpzov am 9. Mai 1694, als der einbalsamierte kurfürstliche Leichnam in die Schlosskirche eingesetzt wird, wo er für die nächsten acht Wochen aufgebahrt bleibt. Am 3. Juli wird er in einer höchst feierlichen Prozession zur Kreuzkirche gebracht, ähnlich der, die er zuvor für Sibylla angeordnet hatte, nur noch viel länger und prachtvoller. Entlang der Route haben wieder die Dresdner Bürger in Trauerkleidung und mit aufgepflanztem Gewehr und zusätzlich die Soldaten der Garnison Aufstellung genommen. Angeführt wird der Trauerzug von den Grenadieren zu Pferde, der Trabantenleibgarde zu Roß und weiteren »Compagnien«. Dann folgt in 38 Blöcken alles, was in der Residenz Rang und Namen hat, einschließlich des gesamten Hofstaats, darunter die Hofkapelle, die durch mehrere Kesselpauker und Trompeter verstärkt wird. An 21. Stelle schreiten der Leibpage, der Oberhofmarschall mit dem Kurschwert, die Geheimen Räte und der Kanzler mit dem Insiegel und der Oberstallmeister mit dem Kurhut. An Position 29 rollt der edel geschmückte Wagen mit dem Sarg des Kurfürsten. Jedes der acht Pferde, die jeweils von einem Rittmeister geführt werden, ist mit schwarzem Tuch bedeckt, auf dem das kurfürstliche Wappen prangt. Acht Oberste tragen den Baldachin, der über dem Wagen schwebt. Ihnen zur Seite schreiten hohe Offiziere und andere Würdenträger, alle in langen schwarzen Mänteln. Den Abschluss bildet wieder eine militärische Formation.

In der Kreuzkirche darf die Bürgerschaft vom Kurfürsten Abschied nehmen. Carpzovs Predigt steht hier unter dem Motto »Der hohe Lebensstand und klägliche Todesfall« (2. Samuel, 3,38). Dann wird der Sarg zur Annenkirche geleitet, dort auf einen geschlossenen Wagen gehoben und in Begleitung zahlreicher Reiter, Kutschen und Soldaten nach Freiberg gebracht. Am Abend des 5. Juli 1694 wird Johann Georg IV. als letzter sächsischer Kurfürst im Chorraum der Domkirche zu Freiberg, der traditionellen Begräbnisstätte der Albertinischen Wettiner, beigesetzt. Seinen prunkvoll geschmückten Sarg zieren reliefartige Darstellungen seiner kriegerischen Heldentaten und der Orden, mit denen er geehrt wurde: der Elephantenorden und der Hosenbandorden. »Versammelte sich das gantze Israel, trugen Leide umb ihn, und begruben ihn in seinem Hause« (Samuel 25,1) war diesmal das Motto von Carpzovs Predigt. Sie endet mit den Worten »Du sollst nicht durchs Schwert sterben, sondern du sollst im Frieden sterben« (Jeremias 34,4). Vielleicht hat der bestens informierte Beichtvater und Beobachter der kurfürstlichen Familie hier absichtsvoll einen Hinweis untergebracht.

Sarg Johann Georgs IV.

Das Augusteische Zeitalter beginnt

Am 8. Juli 1694, drei Tage nach Johann Georgs Beisetzung im Freiberger Dom, beginnen die Huldigungen für den neuen Kurfürsten Friedrich August I. Die erste findet in Freiberg statt. Dann folgen innerhalb des Monats Juli Dresden, Wittenberg, Torgau, Leipzig und Bautzen. »Das Land jubelte, mich an die Stelle meines Bruders treten zu sehen, da es mein sanfteres Gemüt kannte«, formuliert Friedrich August später über diese Zeit.

Er entfernt einige Vertraute Johann Georgs von ihren einflussreichen Positionen, jedoch keineswegs alle. Pflugk zum Beispiel wird bald als der erste Graf dieses Namens zum Oberhofmarschall und Premierminister aufsteigen, Beichling wird eine steile, wenn auch wechselvolle Kariere machen und auch Schönings Freilassung im August 1694 kommt Friedrich August wie gerufen. Er setzt den umtriebigen Machtpolitiker umgehend wieder als ersten Minister ein und überlässt ihm weitgehend das Regieren, derweil er selbst zur Leipziger Messe, ins Teplitzer und Karlsbader Bad reist und anschließend zum Kriegszug gegen die Türken. Hofstaat und Landstände sind wenig erfreut über die Rückkehr Schönings, weil »alles vor ihm zittert und zaget und er gantz absolute in allem verfahret«. Schöning stirbt bereits zwei Jahre nach seiner sächsischen Wiedereinsetzung, zeitig genug, um einem nicht weniger absoluten und intrigengestählten Machtpolitiker Platz zu machen: Egon Fürst zu Fürstenberg.

In der Person des Kammerdirektors und Geheimen Rats Ludwig Gebhard Freiherr von Hoym jedoch, dessen Unterschrift – neben der des Kurfürsten Johann Georg IV. – die erwähnte Taxordnung vom Mai 1693 trägt, entdeckt Friedrich August einen bedeutenden Schädling des Staates. Schon im August 1694 lässt er ihn auf der Festung Königstein festsetzen und später einen Prozess wegen unrechtmäßiger Bereicherung gegen ihn beginnen. Nachdem Hoym – dem Vernehmen nach – 200.000 Taler an die kurfürstliche Kasse gezahlt hat, ist er der Gunst des Kurfürsten und seiner Staatsämter wieder würdig.

In diesem August des Jahres 1694 kommt eine Dame in die Residenzstadt, deren klangvoller Name bald auch deshalb in aller Munde ist, weil ihr der neue und jung verheiratete Kurfürst aufwendig den Hof macht: Aurora von Königsmarck. Sie ist an seiner Seite, als im Januar 1695 ungeachtet des Trauerjahrs der erste Karneval des Augusteischen Zeitalters ganz fulminant gefeiert wird, und sie begleitet Friedrich August für einige Wochen nach Karlsbad. Der geistreichen und – man kann es nur wiederholen – charismatischen Aurora gelingt es sogar, das Wohlwollen von Kurfürstin Eberhardine und Kurfürstin-Mutter Anna Sophie zu gewinnen. Genauso sonderbar erscheint, dass sie sich offenbar nicht von der allgemeinen Anti-Neitschütz-Hysterie anstecken lässt, sondern sich ein eigenes Bild über diese Aktion ihres Geliebten macht: Wie der den Prozess protokollierende städtische Beamte festhält, gibt »die Fräulein von Königsmarck« in Begleitung der Frau von Reichenberg am 20. März 1695 »der alten Neitzschin in ihrer Captur [Gewahrsam] die Visite und hoffet dieselbe eine baldige Erlösung und freiheit«. Auch diese kleine Notiz bestätigt den Ruf der Aurora von Königsmarck als kluge und souveräne Frau.

Ein Hexenprozess in Dresden

Mittlerweile nimmt ein Prozess seinen Lauf, den Schreiber um 1980 ein Jahrhundertereignis nennt, wie man es wirklich erst hundert Jahre später mit der Halsbandaffäre in Paris wieder erleben wird. Der Prozess erstreckt sich über mehr als drei Jahre und füllt acht Aktenbände. Über einhundert Personen werden vernommen, teils »gütlich unter Eidesabnahme, teils auf der peinlichen Frage«. Ursula Margarethe von Neitschütz wird »unter der Schärfe befragt«, ob sie eine Hexe sei und sich der Zauberei beflissen, von wem sie solches erlernt und ob sie Johann Georg III. durch Zauberei getötet oder habe töten lassen. Die Anklageschrift führt ihr die Vorteile vor Augen, die für sie mit dem Ableben des Kurfürsten verbunden waren: Ihr Ehemann würde bei seinem Nachfolger wieder als General in Dienst kommen und sie beide wieder kurfürstliche Gnade erlangen. Zudem habe sie sich an Seiner Kurfürstlichen Durchlaucht rächen und die ungestörte Liebe ihrer Tochter zum Erbprinzen und künftigen Kurfürsten befördern wollen. Zudem habe sie die Vielweiberei eifrigst verfochten. Des Weiteren wird ihr vorgeworfen, gemeinsam mit ihrer Tochter daraufhin gearbeitet zu haben, die rechtmäßige Gemahlin durch diesen verstoßen zu lassen, damit Sibylla die einzige Gattin und ihre Kinder thronfähig würden.

Unter den zahlreichen Zeugen, von denen sich einige bereitwillig als solche anbieten, ist die Oberstwachtmeisterin Anna Margaretha von Drandorf. Sie ist ein typisches Beispiel dafür, dass »Verdächtigungen und Anzeigen wegen Hexerei innerhalb

Nachbarschaften häufig von Frauen kamen«, wie Lütz feststellt. Frau von Drandorf sagt aus, dass einige Tage nach dem Tod des Kurfürsten Johann Georg III. die Hausangestellte der Generalin, Agnes Krapp, zu ihr gekommen sei und ihr händeringend ihre Gewissensnöte geklagt habe, denn sie habe auf Bereden der Generalin gemeinsam mit der Hexe Margarethe aus dem Spreewald den Kurfürsten ums Leben gebracht. Dazu hätten sie ein wächsernes Abbild des Kurfürsten, eine Hand lang, an einem Spieß bei langsamem Feuer verbrannt. Deshalb seien Herz und Lunge des verstorbenen Landesherrn so ausgetrocknet gewesen.

Die Krappin, die Hexe Margarethe und die Hauptangeklagte selbst bestreiten die Vorwürfe, worauf ihnen zur Wahrheitsfindung die Tortour angedroht wird. Ursula Margarethe versucht durch juristische Schreiben ihres Anwalts mehrfach, der Folter zu entgehen. Sie verweist auf ihr Alter und einen Bruch. Doch ihre Gesuche werden jedes Mal, letztmalig nach der medizinischen Visitation des Bruchs, abgelehnt. Den auf der Festung Stolpen aufbewahrten Kerkerbüchern zufolge wird sie in der Nacht zum 19. Juli 1697 »mit Daumenschrauben, Schnüren und spanischen Stiefeln heftig angegriffen«. Doch auch unter der Tortur räumt sie lediglich ein, die Liebe des Kurprinzen zu ihrer Tochter gutgeheißen und unterstützt zu haben. Sie soll die Folter mit einer großen Standhaftigkeit ausgehalten haben. Dass sie dabei »Stärke mich mit deinem Freudengeist in meiner Marterstunde« gesungen habe, könnte auch eine phantasievolle Ausschmückung des Schriftstellers Christian Friedrich Hunold sein, der sich Menantes nannte und die Geschichte in seinem 1705 erschienenen Roman »Der Europäischen Höfe Liebes- und Helden-Geschichte« verarbeitete.

Oft verführt die Angst, selbst bestraft zu werden, die Zeugen der Anklage zu Aussagen, die ihr Verhältnis zu Johann Georg und der Familie Neitschütz nachträglich als kritisch-distanziert erscheinen lassen. Sibyllas Kammerfrau Elisabeth Nietsche beispielsweise berichtet, der Kurfürst habe sich bei der Nachricht von Sibyllas Schwangerschaft am Kopf gekratzt und gemeint, man müsse das Kind heimlich aufziehen lassen. Und die Generalin habe in dieser Situation ihre Tochter beschworen, sich vom Kurfürsten ein sie absicherndes Schreiben aushändigen zu lassen. Als solches wurde dann das angeblich rückdatierte Eheverbündnis gewertet.

Die Ermittlungsergebnisse des Dresdner Hexenprozesses werden der juristischen Fakultät und dem Schöppenstuhl zu Leipzig zur Prüfung vorgelegt. Die Juristen schieben den unangenehmen Vorgang lange vor sich her. Und sie winden sich sichtlich in ihrem auf zwölf Bogen ausgebreiteten Urteil. Zu einem Schuldspruch wegen Hexerei können sie sich nicht durchringen. Zu sehr widerspricht wohl das Ansinnen des neuen Kurfürsten dem sich ausbreitenden Gedankengut der deutschen Frühaufklärung. Sie stellen lediglich unrechtmäßige Bereicherung fest, also etwas, was wir heute Korruption und Vorteilsnahme nennen. Die Verurteilte wird auf die Festung Königstein verbracht, wo sie, wie noch bis zur Mitte des nachfolgenden Jahrhunderts üblich, auf unbestimmte Zeit gefangen bleibt. Erst auf »höchste Entschließung« in Gestalt kurfürstlicher Gnade kann sie wieder in Freiheit kommen, was nach mehrfachen Bittgesuchen ihrer Söhne auch geschieht. Am 18. November 1699 wird sie unter der Auflage, die Residenzstadt zu meiden, freigelassen.

Wesentlich härter geht man mit den Angeklagten niederen Standes um, denen man vorwirft, der

Generalin von Neitschütz Hilfestellung bei der Ausübung ihrer Zaubereien geleistet zu haben: Margarethe Burmeister, die »Hexe« aus dem Spreewald, wird bis zum dritten Grad gefoltert und stirbt am 5. Februar 1695 im Gefängnis. Der Scharfrichter Vogel aus Greiz wird von seinen Berufsgenossen ebenso zu Tode gemartert. Die Traummarie, eine von der Generalin mehrfach befragte Traumdeuterin, hat die Tortur gleichfalls bis zum dritten Grade zu erleiden und muss zusätzlich am 28. Januar 1695, gemeinsam mit Ursula Margarethes Kammerfrau und deren Mann am Pranger stehen. Der Besitzer der Marienapotheke, Satorius, der der Generalin und ihrer Tochter das Zauberkraut Woly ausgehändigt haben soll – das gleiche, das einst Gott Hermes dem Odysseus gegen den Zaubertrank der Circe gegeben habe – und mit dem sie den Kurfürsten eingeräuchert hätten, wird mit dem Staupenschlag bestraft – der öffentlich vollzogenen und mit der Landesverweisung verbundenen Prügelstrafe. Die gleiche Strafe erhält Sybillas Sekretär Engelschall für seine Geldschneidereien, mit denen er namentlich die Leipziger Tuch- und Seidenhändler gerupft habe, als sie bei der Favoritin des Kurfürsten wegen Privilegien und Konzessionen vorstellig wurden.

Die Inszenierung dieses Prozesses ist die erste große Staatsangelegenheit des neuen Kurfürsten, und sie erfüllt ihm gleich mehrere, eminent wichtige Bedürfnisse: Endlich und endgültig triumphiert Friedrich August über den ewigen Konkurrenten seiner Kindheit und Jugend. Indem er dessen große Liebe öffentlich ins flackernde Licht der Hexerei rückt, besiegt er ihn auch auf diesem, dem persönlichsten Feld, wenigstens posthum.

Mit dem Prozess kann er sich außerdem seinem Volk als starker neuer Herrscher präsentieren, der mit unhaltbaren Zuständen aufräumt.

Gleichzeitig ist das sich hinziehende Geschehen ein perfektes Ablenkungsmanöver. Denn wer fragt angesichts der häppchenweise bekanntwerdenden, teils pikanten, teils schauerlichen Details noch nach den seltsamen Umständen des Todes eines ungeliebten Kurzzeit-Kurfürsten und seiner Mätresse?

Und schließlich ermöglicht der Prozess Friedrich August die Befriedigung eines nicht minder drängenden Bedürfnisses: Ohne nennenswerten Gegenwind befürchten zu müssen, kann er das Vermögen, das sein Bruder Sibylla schenkte und das deshalb von Rechts wegen ihrer Familie, insbesondere ihrer Tochter, zusteht, dem Hause Wettin und damit sich selbst zuführen. Denn wenn Mutter und Tochter Neitschütz – wie halbherzig auch immer – als der Hexerei und des Schadenszaubers, der Korruption und weiterer Vergehen schuldig gelten, haben ihre erbberechtigten Verwandten dieses Recht zumindest moralisch verwirkt, ganz abgesehen davon, dass der Hexerei beschuldigte Personen die gegen sie angestrengten Prozesse sowieso aus eigener Tasche bezahlen mussten.

Nichtig ist für den neuen Kurfürsten, dass sein Bruder ihn nach Sibyllas Tod zum Vormund seines Kindes und Beschützer von dessen mütterlichem Erbe eingesetzt hatte. Erfolglos bleiben auch die rechtlichen Schritte, die Sibyllas Vater unternimmt, um wenigstens das Haus am Schlossplatz vor der Enteignung zu schützen.

Dass Friedrich August beim Enteignen und Konfiszieren von Anfang an nichts auslässt, zeigt bereits ein Vermerk des städtischen Beamten vom 24. August 1694: »Aus Frankreich sind unterschiedene

Sachen, so was die Gräfin verschrieben gewesen, an Kleidern und Betten ankommen … und soll sich die Kostbarkeit derselben auf 100.000 Thaler belaufen.« Offenbar versuchte Eleonore Erdmuthe Luise die für ihre Widersacherin bestimmte fürstliche Ausstattung an sich zu nehmen, vielleicht als eine Art Entschädigung. Das lässt Friedrich August jedoch nicht zu: Denn die Sendung ist der Eintragung des Beamten zufolge »derletzt verwittbeten Churfürstin … von itziger Churfürstl. Durchlaucht gepfändet worden«.

Böttcher hält es in diesem Zusammenhang für möglich, dass Friedrich August ein Testament, das Johann Georg auf seinem Sterbelager verfasst und ihm anvertraut haben könnte, vernichtete, weil ihm sein Inhalt nicht passte.

Einen beträchtlichen Teil des konfiszierten Vermögens und noch einiges mehr wird Friedrich August bald an seine Mätressen verschenken oder für andere persönliche Bedürfnisse verwenden. Und er wird Millionen ausgeben, um sich die polnische Königswürde zu erkaufen.

Was aus den Familien von Johann Georg und Sibylla wurde

Ohne Mitgefühl auch nur zu heucheln erklärt Friedrich August das Schloss Pretzsch bei Torgau, obwohl es seit den Tagen seines seligen Vaters quasi eine Baustelle ist, zum Witwensitz für seine glücklose Schwägerin. Eleonore Erdmuthe Luise, die kein kurfürstlich-sächsisches Kind geboren hat, bleibt nichts Anderes übrig, als sich dem Willen des neuen Kurfürsten zu beugen. Nach zwei einsamen Jahren, in denen sie immer kränker wird, stirbt sie im September 1696 in Pretzsch. Sie erlebt nicht mehr, dass ihre ältere Tochter Wilhelmine Caroline Kurfürstin von Hannover und dann englische Königin wird. Die Witwe wird in Freiberg neben Johann Georg IV. beigesetzt, der nur formell ihr Gemahl war.

Die Kurfürstin-Mutter Anna Sophie lebt noch über zwanzig Jahre in Lichtenburg, tief betrübt über die Konvertierung ihres zweiten Sohnes Friedrich August und dann auch des gleichnamigen Enkels, bei dessen Erziehung sie sich sehr engagiert hatte. Liselotte von der Pfalz schreibt am 9. Dezember 1717: »Von der alten Kurfürstin von Sachsen habe ich allezeit gehört, dass sie sich sternsvoll gesoffen hat.«

Mindestens seit den von Klotzsch und Grundig 1776 herausgegebenen »Vermischten Nachrichten« gehört zu den schönfärbenden Legenden der Nachwelt, Friedrich August habe Mutter und Tochter Neitschütz wegen ihrer »wollüstigen und ehrgeizigen Machenschaften« insgeheim gehasst und verabscheut. Eher ist das Gegenteil anzunehmen. Der selber mit Wollust und Ehrgeiz reichlich Ausgestattete wird gern mit der reizenden Sibylla kokettiert haben. Aber auch ihre Familie erfreute sich – abgesehen vom inszenierten Hexenprozess – durchaus seiner anhaltenden Gunst. Ihr Vater Rudolf von Neitschütz ist unter Friedrich August Kammerherr und Generalleutnant, bis er im April 1703 stirbt, »76 Jahre weniger 17 Wochen und 3 Tage alt«, wie ein prächtiges Epitaph in der Gaußiger Kirche vermerkt.

Sibyllas Mutter zieht sich nach ihrer Freilassung auf das Gut Gaußig zurück, das der älteste Sohn Rudolf Heinrich nach des Vaters Tod übernimmt. Es wird berichtet, sie habe stets lange Handschuhe getragen, um die Folterspuren an den Armen zu verbergen. Auf dem Gerüst am Spinnrad sitzend, soll sie noch tatkräftig den neuen Schlossbau überwacht haben. Sie stirbt 1713 mit 63 Jahren.

Rudolf Heinrich tritt als sächsischer Generalmajor unter Friedrich August in die militärischen Fußstapfen des Vaters. Er stirbt 1744. Sein Sohn Adolph Heinrich verkauft das stark verschuldete Gaußig 1747 an den Grafen von Brühl, dessen Gattin es durch den Oberlandbaumeister Knöffel umbauen lässt. Zwanzig Jahre später gelangt das Gut in den Besitz der Grafen von Riaucour, in dem es bis ins 20. Jahrhundert verbleibt.

Sibyllas zweiter Bruder Christoph Adolph ist Generalpostmeister und Kammerherr seiner kurfürstlichen und königlichen Majestät und stirbt 1732, ein Jahr vor seinem Herrn. Ihre drei Jahre ältere Schwester Anna Catharina heiratet den umtriebigen Wolf Dietrich von Beichling, der als Hof- und Justitien- und Legationsrat im Auftrag Johann Georgs die Verhandlungen am Kaiserhof führte. Beim Machtantritt von dessen Bruder setzt sich Beichling vorsichtshalber in die Niederlande ab. Doch Friedrich August schätzt mit allen Wassern gewaschene Politiker. Zurück in Sachsen gelangt Beichling als erfolgreicher Geldbeschaffer zu höchster Gunst. Er steigt gar zum Geheimen Rat und Großkanzler auf und wird im Jahr 1700 in den Grafenstand erhoben. Drei Jahre später lässt ihn sein Gönner jedoch unter dem Vorwurf falscher Rechnungsführung auf dem Königstein festsetzen, wo er bis 1709 ausharren muss. Wegen seiner Verbindung zu Johann Friedrich Böttger wird Beichling noch dazu der Ausübung »negromantischer Künste« bezichtigt, bevor Böttgers Versuche durch die gelingende Porzellanherstellung geadelt werden. Wieder frei, lässt er sich, ungeachtet seines eigenen Verhältnisses zu seiner Schwägerin Luise von Rechenberg, von Anna Catharina scheiden, weil sie während seines Arrestes ein Kind zur Welt brachte. Anna Catharina stirbt wahrscheinlich 1715 mit 43 Jahren.

Die zweite, 1674 geborene Tochter Margarethe verstirbt unverheiratet. Die nach Sibylla geborene Sophie Maximiliane heiratet den Obristwachtmeister Wolf Heinrich von Theler, der 1698 einen jungen Verwandten beim nächtlichen Kartenspiel ersticht und erst 1709 auf kurfürstliches Reskript gegen Zahlung von 1.000 Talern wieder freikommt, und wird von ihm geschieden. Bleibt noch Friederike Henriette. Mit Conrad Freiherr von Braun, den sie 1703 heiratet, gehört sie zu den Ahnen des Raketenforschers Wernher von Braun. Die Familie von Neitschütz stirbt 1867 aus.

Eine andere wohlmeinende Legende über Friedrich August besagt, er habe seine Nichte »anerkannt«. Die Eintragung des städtischen Beamten vom 18. September 1694 legt etwas anderes nahe: »Das Kind von der Gräfin kommt ins Amt Genommen … [unleserlich] von dem Amtmann allda erzogen werden soll, und wird ihn jährlich 300 Taler gegeben.« Dazu kommt es durch das Eingreifen von Sibyllas oben erwähntem Bruder Christoph nicht. Wilhelmine Marie Friederike wächst unter seiner Obhut auf. Christoph von Neitschütz bittet in einem Brief vom 31. Mai 1708 ihren Onkel väterlicherseits um Geld für die weitere Erziehung der inzwischen Fünfzehnjährigen. Der längst konvertierte Kurfürst und König in Polen schickt das evangelisch-lutherisch erzogene Mädchen weit weg von Dresden in das katholische Hochadelsstift der Heiligen Ursula in Köln. Dort möge sie »anderen Gräfinnen gleich tractiret werden«. Nach weiteren zwölf Jahren bringt sie sich bei ihrem durchlauchtigsten Onkel wieder in Erinnerung und bittet ihn, das »klösterliche Leben« beenden und heiraten zu dürfen. In dessen sächsisch-polnisches Politikkalkül scheint am besten der polnische Graf Peter von Dunin, Kastellan von Radom, zu passen. Im Ehevertrag verpflichtet sich Friedrich August zu 9.000 Talern Mitgift, eine bescheidene Summe in Anbetracht des der Nichte vorenthaltenen Erbes ihrer Mutter. Wilhelmine Marie Friederike heiratet 1721 und bekommt fünf Kinder. Erst im Jahr 1736 hört man am sächsischen Hof wieder von ihr, da sie nach dem Tod ihres Gatten um Geld für ihren Unterhalt und den ihrer Kinder bittet. Sie erhält von ihrem Cousin Friedrich August II. die Zusicherung einer lebenslangen Leibrente.

Johann Georgs und Sibyllas Tochter stirbt um 1760. Da ist der Glanz des Augusteischen Zeitalters, das mit dem Tod ihres Vaters begonnen hatte, schon wieder verblasst. Auch die sächsisch-polnische Union, für die ihr Onkel sie persönlich in Anspruch genommen hatte, findet 1763 mit der Niederlage Sachsens im Siebenjährigen Krieg ein ruhmloses Ende und Sachsens europäische Bedeutung schrumpft auf das Normalmaß eines deutschen Kleinstaates zurück.

Das mag mancher bedauern. Aber irgendwie bewahrheitet sich am Ende, was Johann Georg für sich als Lebensdevise erwählt hatte: »Sola gloriosa quae justa« – ruhmreich bleibt nur, was rechtens ist.

2-Groschen-Münze von 1694 mit dem Wahlspruch Johann Georgs IV.

Mutmaßungen und ein Fazit

Die Geschichte ist erzählt. Was bleibt, sind Fragen und Vermutungen. Archivar Vehse meinte 1854 aus den Akten zu erkennen: »Wegen des allgemeinen Mißvergnügens gegen den Kurfürsten und seine Geliebte konnten die Liebediener August des Starken den Bruder desselben beseitigen, ohne daß sie zu befürchten gehabt hätten, daß deshalben ein Aufruhr im Volke entstehe.« Vor allem mussten sie keine Strafverfolgung befürchten, wenn sie im Auftrag des kommenden Kurfürsten handelten. Aber bedurfte Friedrich August überhaupt liebedienernder Untertanen, um seinen Bruder zu beseitigen? War es nicht ratsamer, dies selbst in die Hand zu nehmen, schon um Mitwisser auszuschließen? Auf jeden Fall hatte er als einer von wenigen ungehinderten Zugang zu seinem Bruder und Sibylla, nicht zuletzt bei den Unternehmungen zu dritt, die das Hoftagebuch vermerkt.

Wie das Zitat von Vehse zeigt, ist die Vermutung, Sibylla und Johann Georg könnten getötet worden sein, nicht neu. Dies geschah üblicherweise mit Gift, was beide auch immerwährend befürchteten. Daher stellt sich die Frage, welche Rolle die Pockenerkrankung dabei spielte, zu der es anscheinend gekommen ist. Angenommen, Friedrich August wollte seinen Bruder töten, um selbst an die Macht zu kommen, so könnte er auf die Idee gekommen oder gebracht worden sein, Sibylla als Überträgerin einer Pockeninfektion zu benutzen. Diese konnte bereits allein zum Tode führen oder aber einen Giftmord überdecken, und das bei beiden. Dafür, dass eine absichtliche Infizierung im Bereich des Möglichen liegt, sprechen drei Überlegungen: Erstens hat, wie Medizinhistoriker feststellten, zu dieser Zeit in Sachsen keine Pockenepidemie stattgefunden, was einzelne Infektionen nicht ausschließt, aber unwahrscheinlicher macht. Zweitens war Friedrich August als bereits »Geblatterter« immun, was man damals schon wusste. Er konnte also ungefährdet mit den Erregern der Krankheit hantieren. Drittens könnte dem umtriebigen Vielreisenden mit dubiosen Kontakten – warum nicht auch zu Seefahrern und Kolonisatoren – zu Ohren gekommen sein, dass sich Pockenviren auch für gezielte Ansteckung eignen. An infiziertes Material zu gelangen, wäre für Friedrich August sicher genauso möglich gewesen wie die Beschaffung von Gift. Mit Letzterem ließe sich das Werk der Pocken vorbereiten, denn es würde das oder die Opfer vorsorglich schwächen, wie es bei Sibylla den Anschein hatte, oder aber das Gift würde zu Ende führen, was die Krankheit nicht schaffte.

So oder so konnte der Dresdner Mönch gewiss sein, dass seine Ankündigung auf den Wällen der Festung wahr werden würde.

Die behandelnden Hofärzte sahen sich wohl aus Klugheit und Selbstschutz veranlasst, bei Johann Georg wie bei Sibylla an der – vermutlich zutreffenden – Blattern-Diagnose festzuhalten und ihre Behandlungsmethoden daran auszurichten. Dass er sich bei ihr angesteckt haben würde, war für jedermann plausibel. Hätten die Medici eine anderslautende Vermutung geäußert, dahingehend, dass beide letztlich nicht an den Blattern, sondern durch ihnen beigebrachtes Gift gestorben sein könnten, so hätte sie diese hochgradig brisante These selbst in Gefahr gebracht. Denn bei der angespannten Lage bei Hofe war der Auftraggeber für die Morde am ehesten innerhalb des engen Zirkels der höfischen Macht zu vermuten, also unter ihren Dienstherren, nicht zuletzt in der Person des künftigen Kurfürsten selbst.

Bestimmt tut man Friedrich August kein Unrecht, in ihm den Mitwisser, noch wahrscheinlicher den Auftraggeber oder sogar den Ausführenden in einem – vermutlich – doppelten Mordfall zu sehen, dessen Folgen für niemanden so erstrebenswert waren wie für ihn selbst. Er besaß die Motive, die Mittel und die Möglichkeiten dazu und ihn als den kommenden, absoluten Herrscher würde niemand zur Verantwortung ziehen. Eine ähnliche Auffassung vertritt auch die Historikerin Anne-Simone Knöfel, die in der »Geschichte Mitteldeutschlands – Deutsche Lebensläufe aus 2000 Jahren« von 2010 mit den Worten zitiert wird, sie würde »ihm unterstellen, dass er zumindest insgeheim diese Pläne gehegt, wenn er sie nicht sogar ausgeführt hat«.

Für Friedrich Augusts Täterschaft spricht auch folgendes Indiz: Sein katholischer Statthalter Egon Fürst von Fürstenberg wähnte sich im Besitz eines großen Geheimnisses, durch welches er niemals die Gunst des Kurfürsten und Königs in Polen verlieren würde, wie er Vertraute wissen ließ. Gut vorstellbar, dass dieses Faustpfand das Geständnis des Mordes an Sibylla und an seinem Bruder war, das Friedrich August in weinselig-prahlerischer Stimmung über die Lippen gekommen war. Vielleicht hatte auch die Atmosphäre des Fürstenbergschen Hauses ihn dazu verleitet. Es war schließlich Sibyllas Haus gewesen, in dem sie und Johann Georg sich geliebt hatten.

Natürlich hatte auch die Kurfürstin Eleonore Erdmuthe Luise Gründe genug, beide abgrundtief zu hassen, und vielleicht hat sie den Anschlag auf Sibylla wirklich in Auftrag gegeben. Vom Tod ihres

Gemahls hätte sie als Witwe keinen Vorteil gehabt, es sei denn, der künftige Kurfürst Friedrich (August) hätte ihr für ihre Mitwirkung am Komplott gegen beide seine andauernde Gunst zugesichert, (um danach umgehend sein Versprechen zu brechen). Vorstellbar ist das zeitweilige Zusammenwirken der Kurfürstin und des Herzogs Friedrich durchaus, wobei ihm beim bedeutsameren Teil – der Beseitigung seines Bruders – die Kurfürstin kaum eine Hilfe gewesen sein dürfte.

Manchen Leser mögen diese Mutmaßungen verschrecken. Zu übermächtig ist das brillierende Bild dieses sächsischen Kurfürsten und Königs von Polen, des feingeistigen Kunstliebhabers und großen Bauherrn. Stolz und Bewunderung für den starken August – an den man sich übrigens in Polen ganz anders erinnert – sind so umfassend und allgegenwärtig, dass eine kritische Beurteilung seiner Persönlichkeit irgendwie unpassend erscheint. Auch die schönfärbenden Legenden um seine Person lassen ihn in hellem Licht erstrahlen. Im Schatten von alldem verschwindet nicht nur sein Bruder, auch die sprichwörtlichen Schattenseiten von Friedrich August, vor allem die, die ihm den Weg auf den Thron eröffneten, bleiben quasi unsichtbar.

Vor idealisierender Betrachtungsweise waren und sind auch Historiker und Autoren, die sich mit diesem Abschnitt der sächsischen Geschichte befassen, nicht gefeit. So werden Friedrich Augusts Charakter und Eigenheiten oft generalisierend positiv bewertet oder als erforderlich bzw. verständlich erklärt, beschönigt, verharmlost oder umgedeutet. Ein Beispiel für letzteres ist die Lese-Rechtschreib-Schwäche, in der ein namhafter Historiker den Ausdruck der besonderen Nähe Augusts des Starken zu seinem sächsischen Volk sah.

Genau das Spiegelverkehrte geschieht bis heute bei Johann Georg, falls ihm überhaupt mehr gewährt wird als die bloße Erwähnung als Bruder und Vorgänger Augusts des Starken. Dieses Mehr besteht dann regelmäßig darin, ihn in meist herablassend-moralisierendem Ton als einen schwachen, in fleischlicher Begierde gefangenen Kurfürsten zu bezeichnen, dessen (unbegreifliches) Festhalten an seiner nicht standesgemäßen außerehelichen Beziehung quasi zwangsläufig zu seinem frühen (Pocken) Tod führte, wodurch August der Starke unverhofft an die Macht kam.

In der bis heute vorherrschenden entgegengesetzten Einschätzung der Brüder widerspiegelt sich ein Phänomen, das die Sozialpsychologie als Attributionsfehler bezeichnet: Hat man einmal Personen – wie diese Brüder – in ihrer (in dem Fall historischen) Rolle und in ihren markanten Persönlichkeitsmerkmalen wahrgenommen und eingeordnet – den einen als schwach, erfolglos und unbedeutend; den anderen als stark, erfolgreich und bedeutend – werden weitere Verhaltensweisen und Eigenschaften einfach »dazugedacht« (attribuiert), ohne sie einer genaueren Prüfung zu unterziehen, und andere ausgeblendet, wenn sie nicht ins einmal erstellte Bild passen.

Schon eine etwas genauere und unvoreingenommene Prüfung der überlieferten Dokumente und Berichte aus seinem kurzen Erwachsenenleben kann zu anderen und ungewohnten Einsichten führen. Denn sie zeigen Johann Georg IV. als einen erstaunlichen jungen Menschen mit vielen wertvollen Eigenschaften und Fähigkeiten. Er war intelligent, gebildet und voller ehrlicher Ambitionen für seine hohe Würde. Doch noch beeindruckender ist seine Fähigkeit zu lieben. Liebe ist, um es mit den Worten von Manfred

Lütz zu sagen, das Gegenteil von Gleichgültigkeit. Und als gleichgültig hat den jungen Kurfürsten niemand beschrieben. Zu seiner Liebesfähigkeit gehörte die Fähigkeit zur Empathie, zur Anteilnahme am Leben anderer und zur Übernahme von Verantwortung für die, die er sich vertraut gemacht hatte, ganz so, wie es 250 Jahre später Antoine de Saint-Exupéry seinem Kleinen Prinzen in den Mund legen wird.

Besonders deutlich werden diese Eigenschaften natürlich im Verhältnis zu Sibylla: Damit sie beide, er und sie, ein gutes Gewissen haben, gab er ihr mit dem Eheverbündnis das Versprechen, sie als seine Frau zu lieben und zu ehren, und er bekannte sich zu den gemeinsamen Kindern und sicherte sie ab, noch bevor er sie gezeugt hatte, ja wahrscheinlich, ehe es überhaupt erstmals zu sexuellen Handlungen im engeren Sinne kam. Ein wahrlich seltener Fall von Liebe und Verantwortung eines jungen Mannes, noch dazu eines Fürsten. Für alle unfassbar hielt er sogar nach Sibyllas Tod am Versprochenen fest und ließ sie mit den einer fürstlichen Ehefrau zukommenden Ehrenbezeigungen beisetzen. Diese für viele unbegreifliche große Liebe und Treue hielten die Zeitgenossen für Hexenwerk und spätere Autoren immer noch für unangemessen, unverständlich und bedauerlich. Heutige Autoren geben sich immerhin so modern, sie als pathologisch zu bezeichnen.

Über seine Liebe hinaus zeigte Johann Georg auch Anteilnahme und Verantwortung für Menschen, deren Dienste er einmal in Anspruch genommen hatte, wie für seinen alten Lehrer Bernhardi, für seinen Ratgeber Schöning sowie für Mutter und für die Angestellten Sibyllas nach deren Tod.

Auch gegenüber Friedrich handelte er stets gewissenhaft und bemühte sich anhaltend um gute brüderliche Beziehungen. Sooft es ging, nutzte er die Möglichkeit zu gemeinsamen Unternehmungen. Ausflüge, Jagden, ein Wettreiten im Oktober 1692 nach Leipzig, das Friedrich gewann, Messebesuche, Truppeninspektionen und die Tage zu dritt im Frühjahr 1693 sind dafür nur einige Beispiele. Natürlich müssen sie dabei und überhaupt miteinander geredet haben, und Friedrichs Vorschlag, Dinglinger nach Dresden zu holen, war bestimmt nicht das einzige Thema zwischen ihnen. Johann Georg verbürgte sich sowohl für die Zuwendungen an den Bruder aus dem väterlichen Testament als auch für die Einhaltung des Ehevertrags, den er für den Bruder ausgehandelt hatte, und er richtete zum Empfang des jungen Ehepaares Festlichkeiten aus. Der Name des Bruders findet sich im dritten Vornamen seines Kindes wieder, und er vertraute diesem als Vormund seines Kindes dessen Wohl und Besitz an.

Verantwortungsgefühl als junger Landesherr bewies Johann Georg bereits unmittelbar nach dem Tod des Vaters: Anstatt ins Bett der Geliebten zu eilen, wie man es nach der vielfach behaupteten sexuellen Abhängigkeit von ihr vermuten könnte, kümmerte er sich zunächst um eine Reihe anderer Dinge, wie es im Kapitel »Der junge Kurfürst« beschrieben ist.

Durch die gesamten zweieinhalb Jahre seiner Regierungszeit zeigt sich sein Anspruch, in erster Linie gewissenhafte und angemessene Entscheidungen zum Wohl des ihm, nach seinem Verständnis, von Gott anvertrauten Landes zu treffen, und persönliche Vor- oder Nachteile als nachrangig zu betrachten. Dafür nahm er harte Auseinandersetzungen in Kauf. Mit den Landständen, den Vertretern des Adels, des Klerus und der landtagsfähigen Städte, um die Macht im Lande zu kämpfen war nicht weniger schwierig als die Auseinandersetzungen mit Frankreich, Brandenburg, den Sekundogenitur-Fürstentümern und den österreichischen Habsburgern. Sich mit dem kaiserlichen Hof anzulegen, war besonders heikel, weil er dessen Gunst für die Erfüllung seines persönlichsten Wunsches brauchte. Aber er tat es etliche Male. Eingefahrene Schluderei und Faulheit nahm er ebensowenig hin wie Vetternwirtschaft, wenn sie ihn in seinem Tatendrang behinderten. Mit Infrastrukturmaßnahmen zu Währung und Postwesen setzte er grundlegende Impulse für die wirtschaftliche Entwicklung. Dem gleichen Ziel diente die geplante Steuerreform, an deren Vorbereitung er gegen heftige Widerstände vor allem des Adels festhielt, und anderes mehr. Als liebender Mann und Vater war er großzügig, als Fürst hielt er sich mit teuren Bauten ebenso zurück wie mit prunkvollen Festen.

Zu lesen ist zuweilen, Johann Georgs schwieriger Charakter sei ursächlich für sein tragisches Ende gewesen, weil er ihn an einer unangemessenen Liebesbeziehung festhalten ließ, anstatt sich innerhalb einer standesgemäßen Ehe (mit einer gut aussehenden Frau) halbwegs gesittet zu verhalten und daraus die Stabilität für's Leben zu holen, die ihm augenscheinlich fehlte.

In der Tat kann man sagen, dass sein Charakter ihn in die Katastrophe geführt hat. Dieser Johann Georg IV. bestand zwar – trotz seiner Jugend – in den Kämpfen mit den politischen Kräften seiner Zeit, lernte mit Intrigen und falschen Versprechungen umzugehen, war konsequent und fordernd gegenüber seinen Untergebenen. Aber die tödliche Gefahr, die von Neid, Missgunst, Hass, Machtgier und Prunksucht seines Bruders ausging – alles Kennzeichen von dessen narzistischer Persönlichkeit –, die vermochte sein wohlwollender Blick nicht zu erkennen bzw. unterschätzte sie vollkommen. Verinnerlicht hatte er dagegen das Gebot der Eltern und Erzieher, sich stets um ein brüderlich-liebendes und vertrauensvolles Verhältnis zu bemühen. Zu groß war angesichts harter Kämpfe sicher auch sein eigenes Bedürfnis nach menschlicher Nähe, Harmonie und Vertrauen - wenigstens zu den wenigen nahestehenden und wohlmeinenden Menschen, zu denen er fatalerweise seinen Bruder zählte.

Einen objektiveren Blick auf den neuen Kurfürsten und König Friedrich August hatten einzelne zeitgenössische Beobachter wie auch manche spätere Historiker. Sein Kammerherr und mutmaßlicher Verfasser des »Cour de Pologne«, von Wolfframsdorff, wird, nachdem sein Incognito insbesondere durch das Betreiben des Grafen Flemming aufgedeckt wurde, seine ironischen Beobachtungen mit Folter, jahrelanger Haft und letztlich mit seinem frühen Tod bezahlen.

Das mussten spätere Autoren für ihre harten Urteile zum Glück nicht mehr befürchten. Der Historiker Heinrich von Treitschke bezeichnete in einem Brief um 1867 in Anspielung auf das biblische Sodom und Gomorra Friedrich August als albertinischen Sodomiter und bedauerte, dass sein Schriftstellerfreund Gustav Freytag in seinen »Bildern aus der deutschen Vergangenheit« diesen »noch nicht niederträchtig genug« beschrieben habe. Der gern leidenschaftlich polemisierende Treitschke bekennt, dass er selbst immer einen »ehrlichen Ekel empfunden habe vor den polnischen Augusten«, also vor Friedrich August und seinem gleichnamigen Sohn und Nachfolger. Paul Burg nannte 1919 August den Starken den »gewissenlosesten und prachtliebendsten aller Fürsten«.

Nicht weniger drastisch ist Karlheinz Blaschkes Urteil, der in den 1990er Jahren Friedrich August I. als »großen Unfall der neueren sächsischen Geschichte« bezeichnet. Seltsam mutet jedoch ein in der erwähnten »Geschichte Mitteldeutschlands« zitierter Ausspruch Blaschkes an: »Eine verworfene Bande ist das gewesen, entschuldigen Sie, wenn ich so deutlich bin, aber ich kann es nicht anders sagen, eine verworfenen Bande von jungen Männern, die nur ihren Geschlechtstrieben nachgingen.« Meint der verdienstvolle Historiker wirklich beide Brüder? Ist der Umstand, dass Mit- und Nachwelt – nicht die Betreffenden selbst! – Sibylla als seine Mätresse betrachteten, schon Grund genug, um Johann Georg ausgerechnet bei dem Thema, an dem sie sich am gravierendsten unterscheiden, (attribuierend!) mit seinem Bruder in einen Topf zu werfen?

Wenn Johann Georg an seinem Charakter scheiterte, dann insofern, dass er Liebe und Vertrauen empfinden konnte, sogar gegenüber einem Bruder, der diese Fähigkeit nicht hatte und daher nicht erwidern konnte, dem dies sicher sogar zutiefst suspekt und der seinerseits von einem narzistischen Geltungsstreben getrieben war. In dieser von Johann Georg nicht zu beeinflussenden, schicksalhaften Konstellation liegt seine persönliche Tragik.

Die lange geübte Verklärung des einen wie die Geringschätzung des anderen halten das Doppelportrait des ungleichen Brüderpaares in seiner bisherigen Schieflage fest. Ihre 350. Geburtstage, am 18. Oktober 2018 und am 12. Mai 2020 (nach julianischem Kalender) waren kaum Anlass, es – wenigstens ein Stück – gerade zu rücken.

Böttcher, H.-J.: Johann Georg IV. von Sachsen und Magdalena Sibylla von Neitschütz – eine tödliche Liason, Dresden 2014.

Brandt, L.: Sibylla von Neitschütz – Wie August der Starke an die Macht kam, in: König, W./Schreiner, C. (Hgg.): Geschichte Mitteldeutschlands – Deutsche Lebensläufe aus 2000 Jahren, Reichenbach 2010.

Burg, P.: Die schöne Gräfin Königsmarck – Ein bewegtes Frauenleben um die Wende des 17. Jahrhunderts, Braunschweig 1919.

Czok, K.: August der Starke und Kursachsen, Leipzig 1987.

Czok, K.: August der Starke und seine Zeit, Leipzig 2004.

Bodemann, E. (Hg.): Aus den Briefen der Herzogin Elisabeth Charlotte von Orleàns an die Kurfürstin Sophie von Hannover, Hannover 1891.

Deppe, U.: Festkultur am Dresdner Hofe Johann Georgs II. von Sachsen 1660 bis 1679, Kiel 2006.

Döring, D.: Johann Georg III. (1680–1691) und Johann Georg IV. (1691–1694), in: Kroll, F.-L. (Hg.): Die Herrscher Sachsens, München 2007.

Johann Georg II. und sein Hof – Sachsen nach dem Dreißigjährigen Krieg (Dresdner Hefte Nr. 33), 1993.

Fellmann, W.: Mätressen, Leipzig 1994.

Freimark, H.: Okkultismus und Sexualität, Leipzig 2005.

GENEALOGIE. Deutsche Zeitschrift für Familienkunde, 13. Jg., Heft 4, Juli–August 1964.

Gloger, B./Zöllner, W.: Teufelsglaube und Hexenwahn, Leipzig 1983.

Gloger, B.: Friedrich Wilhelm Kurfürst von Brandenburg, Berlin 1985.

Grundig, Gottfried Immanuel: siehe Klotzsch.

Hantzsch, A.: Hervorragende Persönlichkeiten in Dresden und ihre Wohnungen, in: Mitteilungen des Vereins für Geschichte Dresdens, 25. Heft, 1918.

Helbig, K. G.: Kurfürst Johann Georg der Vierte und Feldmarschall Hans Adam von Schöning 1691–1694, in: Archiv für die Sächsische Geschichte, hg. von Karl von Weber, Leipzig 1873.

Hunold, C. F. (Menantes): Der Europäischen Höfe Liebes- und Helden-Geschichte, Hamburg 1705.

Keller, K.: Mein Herr befindet sich gottlob gesund und wohl. Sächsische Prinzen auf Reisen, in: Deutsch-Französische Kulturbibliothek, Bd. 33, Leipzig 1994.

Klotzsch, J. F./Grundig, G. I.: Zuverlässige Nachricht von der Gräfin von Rochlitz, in: Deutsche Zeitschriften des 18./19. Jh. – Sammlung vermischter Nachrichten, Bd. 10, Chemnitz 1775.

Klotzsch, J. F.: Die Liebeszaubereien der Gräfin Rochlitz. Reprint der Originalausgabe von 1914.

Knöfel, A.-S.: Dynastie und Prestige. Die Heiratspolitik der Wettiner, Köln 2009.

Kummer, F.: Dresden und seine Theaterwelt, Dresden 1938.

Lehmann, P.: Ränke unterm Rautenkranz, Dresden 2005.

Lindau, M.: Geschichte der Haupt- und Residenzstadt Dresden von den ältesten Zeiten bis zur Gegenwart, o. O. 1885.

Lütz, M.: Der Skandal der Skandale – Die geheime Geschichte des Christentums, Freiburg i. Br. 2018.

Menzel, W. (Hg.): Briefe der Prinzessin Elisabeth Charlotte von Orléans an die Raugräfin Louise, 1676 bis 1722, Stuttgart 1843.

Meyer, J.: Frauengestalten und Frauenwalten im Hause Wettin, 1912.

Nadolski, D.: Wahre Geschichten von der Festung Königstein, Taucha 1994.

Piltz, G.: August der Starke – Träume und Taten eines deutschen Fürsten, Berlin 1986.
Pöllnitz, C. L. von: Das galante Sachsen, München 1992.
Rader, O.: Kleine Geschichte Dresdens, München 2005.
Schreiber, H.: August der Starke – Kurfürst von Sachsen und König von Polen, München 1981.
Schattkowsky, M. (Hg.): Witwenschaft in der Frühen Neuzeit, Leipzig 2003.
Vehse, E.: Geschichte der Höfe des Hauses Sachsen, Teil IV, Dresden 1854.
Viehöfer, E.: Carolina und Constitutiones. Die gesetzlichen Grundlagen des Strafvollzuges in Sachsen (Internetrecherche über: https://www.justiz.sachsen.de/)
Wilde, M.: Die Zauberei- und Hexenprozesse in Kursachsen, Köln/Weimar 2003.

Begräbnistaler für Johann Georg IV., Münzstätte Dresden 1694, Avers-Seite.

Abbildungsnachweis

Fürstlich Waldecksche Hofbibliothek, Klebebände (Band 15): S. 12
Kunstmuseum Basel: S. 86
Sächsisches Hauptstaatsarchiv Dresden: 66
Sächsische Landesbibliothek – Staats und Universitätsbibliothek Dresden/Fotothek: S. 71, 95
Schwedisches Nationalmuseum: Schutzumschlag, S. 32
Staatliche Kunstsammlungen Dresden, Gemäldegalerie Alte Meister: S. 2, 53, 74
Verlagsarchiv: S. 11, 14, 21, 29, 34, 40, 43, 49, 51, 58, 63, 69, 85, 91, 93, 115, 124, 130, 143
Wikimedia CC BY-SA 4.0, Eckhardju: https:// de.wikipedia.org/wiki/Johann_Georg_IV._(Sachsen)#/media/Datei:Gedenkm%C3%BCnze-1694-Reichstaler-avers.jpg und https:// de.wikipedia.org/wiki/Johann_Georg_IV._(Sachsen)#/media/Datei:Gedenkm%C3%BCnze-1694-Reichstaler-revers.jpg: 156, 157

Begräbnistaler für Johann Georg IV., Münzstätte Dresden 1694, Revers-Seite.

Christoph Pötzsch

Unbekanntes
um
August den
Starken

ISBN 978-3-89772-311-5

88 Seiten
24 Abbildungen

Das Lebensbild, das hier gezeichnet wird, gliedert sich in drei Teile - jeweils höchst unterschiedlich gewichtete Phasen. Die erste reicht von der Kindheit und Jugend bis 1694, als August durch den frühen Tod seines älteren Bruders sächsischer Kurfürst wird und drei Jahre später König in Polen. Die zweite Etappe beginnt mit der Übernahme der polnischen Krone 1697 und endet etwa 1710. Obwohl Friedrich August I. bzw. August II. in dieser Zeit zwei Regentschaften innehat, ist sie mit »Verlorene Jahre« überschrieben. Die letzte Phase spannt sich von 1710 bis zu Augusts Tod 1733. Sie ist die interessanteste Zeit seines Lebens und steht unter dem Motto »Das Leben - Ein Fest«. Die rauschenden Feste sind dabei nur nebenbei erwähnt, doch auch die wären nicht möglich gewesen ohne die großartigen wirtschaftlichen Erfolge, die der Herrscher in jenen fast 25 Jahren verbuchen kann. In diesem Buch erscheint August der Starke in einem neuen Licht …

Dieter Nadolski

Gräfin Cosel – Wie sie wirklich war

ISBN 978-3-89772-236-1

80 Seiten
34 Abbildungen

Bis auf den heutigen Tag faszinieren der rasante Aufstieg und der Sturz der schönen und klugen Mätresse. Dementsprechend werden immer wieder aufs Neue Geschichten um die Gräfin aufgeschrieben, die ihre Leser finden. Die Episoden sind sowohl nahe bei der Wahrheit, aber schreiben zumeist auch fatale Fehleinschätzungen stetig fort.
Erstmalig überhaupt wird in diesem Buch speziell auf die häufigsten Irrtümer eingegangen, die mit der Person der Anna Constantia von Cosel verknüpft sind. Oft können auch die Ursachen für die fälschlichen Vorstellungen aufgezeigt und jeweils erklärt werden, wie es in ihrem Leben wirklich war.